La ley de la Creación

LA CIENCIA DETRÁS DE MANIFESTAR TUS DESEOS

Es su derecho inherente vivir una vida de alegría, felicidad, salud y riqueza ilimitadas.

Por
Steve y Tracy Webster

Este libro está en tus manos por una razón. Lo encontraste y te encontró a ti. En algún lugar de su mente subconsciente lo atrajo para ayudarlo a cambiar lo que actualmente percibe como una vida no llena de abundancia ilimitada.

A medida que leas esto, habrá cosas con las que resonarás y algunas que no. Con el tiempo, también puede aprender a resonar con otros aspectos de este libro.

Le recomendamos, mientras lee, que haga un uso generoso de un marcador.

Cuando el alma está lista, ¡el Universo responde!

La ley de la creación

© 2020 Steve y Tracy Webster

Nuestro agradecimiento a Ruth Ortiz (primera edición), Pilar Ortega (segunda edición) y Ciara Webster (diagramas).

ISBN: 978-0-578-92844-9

Tabla de Contenido

Capítulo 1 - Génesis, o cómo comenzó todo ... por Steve

Al crecer, nunca tuvimos mucho dinero. Mirando hacia atrás, supongo que éramos de clase media, pero la 'clase media' siempre parecía tener dinero para gastar, y ciertamente no. Mis amigos tenían los últimos juguetes, bicicletas geniales y si había algo que realmente querían, parecían tenerlo.

Avancé rápido a la universidad, y todavía no tenía dinero. A mi alrededor, los estudiantes gastaban libremente en accesorios, comida, salían de noche y todos tenían autos. Mi novia en ese momento me dejó, porque nunca podría permitirme llevarla a ningún lado. Me sentía bastante miserable, así que dejé la escuela y conseguí un trabajo.

Conseguí un trabajo como operador de computadoras, el más bajo de los bajos en el mundo de la tecnología de la información, y por supuesto no me pagó mucho. Mi trabajo involucraba tediosos turnos nocturnos y no era muy difícil para una persona inteligente. Compré un automóvil para poder ir a trabajar, viví con mis padres, así que no tuve que pagar el alquiler, y todavía estaba en bancarrota a mitad de mes. Generalmente era una persona feliz, pero la situación del dinero siempre era bastante deprimente.

Avancemos 20 años, y las cosas fueron muy diferentes. Vivía en una hermosa casa de 18,500 pies cuadrados en un suburbio de lujo, tenía (¡todavía lo hago!) Una bella esposa, era dueño de varios autos de lujo, 3 casas de vacaciones repartidas por todo el país y una granja de juegos de 3000 acres (safari). Tenía todos los últimos juguetes, incluidos dos aviones ligeros, motos de agua y quads. Fui CEO y fundador de 3 empresas exitosas, que ganaron alrededor de $100M+ por año y emplearon a 250 personas. Obtuve un grado en Maestría en Administración de Empresas (MBA), eliminando así la "culpa" de haber dejado la universidad tantos años antes.

Entonces, ¿cómo llegué de cero a héroe? Bueno, había descubierto un método que atraía esta riqueza. No lo sabía en ese momento, pero estaba usando herramientas fundamentales como la gratitud que son los componentes básicos de la Ley de Creación.

Solo un tiempo después en la vida me senté y evalué lo que estaba haciendo y lo escribí, lo que luego se convirtió en el marco de este libro.

Ser consciente y usar tu mente consciente y subconsciente para crear riqueza requiere tiempo y esfuerzo, y con el tiempo me volvería vago y dejaría de practicar lo que sabía. Poco a poco, la riqueza se reduciría, y después de un tiempo tendría que recordarme a mí mismo volver a emplear mi conocimiento de lo que había funcionado anteriormente y que trajo riqueza y éxito. Efectivamente, la riqueza aumentaría nuevamente. Entonces, sé que funciona, porque cada vez que decido usarlo, veo evidencia tangible.

En 2006, The Secret fue lanzado. Fue interesante, pero sabía en el fondo que solo representaba una parte de lo que se requería para crear tu vida. Sugirió que el camino hacia el éxito implica practicar la visualización y la gratitud, pero no explicó cómo la visualización y la gratitud afectaron al Universo científico para traer riqueza y éxito. Este libro explica por qué funcionan conceptos como The Secret y también por qué NO funciona. En esencia, hay 18 Leyes de la Creación, pero The Secret y muchos programas de la Ley de Atracción solo cubren dos de ellos. No es vital que conozca y comprenda todas estas Leyes; pero ayuda a tu habilidad de Creación cuando entiendes cómo las Leyes afectan tu vida y el resultado de lo que has creado.

He usado las técnicas de este libro para atraer regularmente riqueza, perderla y atraerla nuevamente, casi a voluntad. He utilizado estas técnicas con el tiempo para crear una empresa que gana $ 100 millones al año, escribir y publicar libros, ser piloto, desarrollar un juego de mesa, una aplicación para el juego de mesa y producir una película, entre otras cosas. Tengo una comprensión profunda de lo que funciona para lograr el éxito y, aún mejor, en este libro explicaré POR QUÉ funciona.

Algunas de las explicaciones involucran principios científicos y físicos como la teoría cuántica y la función de onda. Hasta donde sé, esta es la primera vez que hemos visto las Leyes de la Creación definidas en términos prácticos, y no solo teóricos. Algunas personas no necesitan saber cómo funciona; solo necesitan saber que sí. Como encender tu auto y conducirlo. Si eres ese tipo de persona, ¡puedes saltarte la ciencia! Sin embargo, si usted es una persona de cerebro izquierdo que generalmente es crítico o escéptico sobre la gran cantidad de teorías de cortejo que invaden el mercado, entonces el proceso científico se explica aquí.

Este libro explicará por qué conceptos como la oración son efectivos. Las personas que creen en la oración saben que funciona, pero no saben por qué ni cómo. El sentimiento general es que 'Dios' escuchó y entregó los bienes. Aquí hay un hecho impactante: USTED es ese DIOS *. El poder está dentro de ti. TÚ creas tu mundo, tu vida, tu universo. En algún momento has regalado tu poder para crear. Es hora de recuperarlo y comenzar a crear.

Se requieren ciertos 'ingredientes' para que comiences a cambiar tu vida, para que te conviertas en un Maestro Creador:

- ❖ Mayor conciencia (le permite tener más recursos, aprender a pausar, vibrar a un nivel superior y comprender el poder del corazón humano y la mente subconsciente)
- ❖ Comprensión de la naturaleza electromagnética del universo.
- ❖ Comprensión de las 18 leyes de la creación (cómo funcionan de forma individual y sinérgica)
- ❖ Aprender a aceptar la positividad y disminuir la negatividad.
- ❖ Comprender el inmenso poder físico de la gratitud.
- ❖ Comprender la naturaleza infinita del universo

Este libro es un 'Manual del creador'. Todos estos elementos se discuten, detallan y explican en este libro, a veces a nivel científico.

¡Sigue leyendo y comienza a crear!

* Incluso si eres conservadoramente religioso, las Escrituras dicen que fuiste creado a imagen de Dios. Por lo tanto, Dios te hizo y te equipó con los poderes de Dios, ¿verdad?

Dios es el dador y el regalo; El hombre es el receptor. Dios habita en el hombre, y esto significa que la casa del tesoro de las riquezas infinitas está dentro de ti y a tu alrededor. Al aprender las leyes de la mente, puede extraer de ese almacén infinito dentro de usted todo lo que necesita para vivir la vida gloriosa, alegre y abundantemente.

Joseph Murphy

Capítulo 2 - La información importante

Tienes la capacidad de crear cualquier cosa que desees

¡Es su derecho innato vivir una vida de alegría, felicidad, salud y riqueza ilimitadas! ¿Por qué entonces la mayoría de las personas no logran este estado?

A medida que avanzamos en nuestra vida diaria, todos buscamos conocimiento; tratamos de mejorar nuestras vidas y obtener más alegría, felicidad y propósito. Inherente a esa afirmación es que el conocimiento es la clave de estas cosas: alegría, felicidad y propósito. Ese conocimiento reside dentro de nosotros, pero permanecemos "desconectados" de él. Cuando nos encontramos con un conocimiento que nos parece interesante, o con el que resonamos, absorbemos esa información. Sin embargo, lo que realmente estamos haciendo es desbloquear la información que ya está almacenada dentro de nosotros. Por lo tanto, es realmente más un "recuerdo". Te vuelves a conectar con esa información; en efecto, te "recuerdas" a ti mismo a ese conocimiento.

Nada es más deseable que poseer la capacidad de crear:
- ❖ para crear nuestra vida
- ❖ para cambiar nuestras circunstancias
- ❖ manifestar abundancia
- ❖ para emitir y absorber alegría
- ❖ para desarrollar lazos armoniosos con familiares y amigos
- ❖ para establecer una relación significativa con nuestros seres queridos
- ❖ emanar amor
- ❖ para establecer un propósito

Todos tenemos esta capacidad de crear. Es innato dentro de nosotros, es inherente a cada uno de nosotros, es parte de lo que somos. Simplemente estamos 'separados' de eso. Estamos desconectados de eso. Este libro trata sobre cómo reconectarse con sus poderes creativos.

Has creado la vida que estás viviendo actualmente. El hecho es que puede que no estés contento con él, el hecho de que estés leyendo este libro sugiere que quieres cambios, y puedes desear que las cosas sean diferentes. La clave para solucionar esto es, en primer lugar, comprender cómo creamos lo que tenemos (hasta ahora) y, en segundo lugar, comprender por qué no podemos manifestar lo que deseamos conscientemente.

Eres perfecto y eres inmensamente poderoso. Solo necesitas reconectarte con ese poder. Este poder es universal, divino, infinito, ilimitado, y tienes un derecho divino. Este libro le mostrará cómo reconectarse con la increíble capacidad de crear todo lo que desea y todo lo que desea.

Eres el creador de tu vida. En términos de relatividad, estás en el centro de tu creación. Cuando te das cuenta de esto, irónicamente te vuelves "más concentrado". Cuando crees que alguien, algo o algún otro lugar es el centro de lo que está sucediendo, estás dando tu poder al mundo externo. Detener. Vuelva a centrar, 'Reconozca' su papel en esto y conviértase en el Creador nuevamente. Cada día reconoce el aspecto consciente de que eres el centro de tu universo. Con el tiempo, verá que el mundo se mueve para encontrarse con usted y no tendrá que hacer el trabajo pesado. Tu vida se vuelve más estable, más pacífica y asumes un sentido de propósito. Finalmente controlarás el tiempo y el espacio a tu alrededor.

Por qué la ley de la atracción no puede funcionar por sí sola

La Ley de Atracción se popularizó recientemente con el lanzamiento de los libros de Abraham por Jerry y Esther Hicks, y por supuesto, The Secret.

La Ley de Atracción es solo una de las 18 Leyes de la Creación. Por lo tanto, si practicas la Ley de Atracción por sí solo, solo estás aplicando un decimoctavo de la Ley de Creación. Entonces, hasta cierto punto, la aplicación de esta ley funcionará y puede traer manifestación. Sin embargo, si uno incorpora y aplica las dieciocho leyes, será mucho más poderoso en sus habilidades creativas. Si solo practicas la Ley de la

Atracción, estás ignorando otras 17 leyes fuertes de la creación, y estás intentando crear sin la ley más poderosa: la Ley de la Gratitud.

Al describir la Ley de la Atracción, los libros populares, como El secreto, afirman que "Todo lo que existe tiene una cierta frecuencia (vibración) y que las frecuencias funcionan magnéticamente". Entonces, todo lo que creas atrae más de lo mismo". Pero esto no es técnicamente correcto, porque en el magnetismo "lo semejante repele lo similar". Ergo, si atraer la riqueza era el resultado del magnetismo, una vez que tenías riqueza, repelerías la riqueza. Esto no es lo que queremos, ni es cómo funciona. Sin embargo, existe la Ley de la Gratitud, en la que resuenas con lo que tienes, por lo que el Universo te da más. Y muchas otras leyes tienen un impacto en lo que está atrayendo a su vida.

En lugar de un imán, piense en términos de un aparato de radio. Su "transmisor" envía mensajes al Universo. El Universo le envía eventos e información de acuerdo con una frecuencia similar. Su "receptor" está configurado en la misma frecuencia que su transmisor. Cuanto más poderoso sea tu receptor, más poderoso eres para crear y atraer. Si su transmisor está configurado en frecuencias "bajas" (vergüenza, culpa, juicio), atraerá experiencias de baja frecuencia. Por el contrario, si su transmisor está configurado en frecuencias "altas" (alegría, amor, abundancia), entonces atraerá experiencias de alta frecuencia.

Solo vemos el mundo desde nuestro nivel de comprensión. Entro en detalles sobre esto más adelante en el libro, donde explico que nuestra baja conciencia restringe físicamente nuestra comprensión consciente.

Muchos aspectos de este libro habrían sido considerados 'woo-woo', etéreos o de fantasía. Sin embargo, con los descubrimientos recientes en el mundo cuántico, estamos comenzando a darnos cuenta del poder de los individuos en el papel de dar forma a nuestro Universo. No hay duda de que nuestras mentes crearon este Universo. Si eso es cierto, y lo es, entonces es obvio que podemos crear lo que sea que nos propongamos.

Capítulo 3 - Las tuercas y tornillos

Ley de la fórmula de la creación

La fórmula "simple" es de hecho muy simple:

Visualización + emoción entusiasta = manifestación

Pero hay una mecánica detrás de esta "fórmula simple" que necesita ser entendida y dominada para mostrar fácilmente sus poderes de creación. Es como conducir un automóvil: si observa a alguien conducir el automóvil, se ve fácil y sin esfuerzo. Pero la persona tardó un tiempo en aprender a conducir. Además, tienen una comprensión de la mecánica del automóvil, los protocolos de seguridad, las normas de circulación, etc. Sin estos elementos, no podrían conducir el automóvil sin esfuerzo.

Es lo mismo con la Ley de la Creación; Cuando comprendes los elementos involucrados y los pones en práctica, tus habilidades de manifestación se vuelven sin esfuerzo. ¡Cuanto más entiendas y más práctica tengas para crear, más fácil será! Cuando comprenda las 18 leyes, comprenderá la fuerza y debilidad relativas de la Ley de Atracción. También aprenderá cómo las otras leyes 'amplifican' la Ley de Atracción.

Las 18 leyes de la creación

1. **Ley de la atracción.** La energía que envías al Universo actúa de una manera extraña. En efecto, atraes la misma energía que constantemente estás emitiendo. Cuanto más constante seas en el nivel de energía y vibración que estás emitiendo, más y mejor atraerás energías a la misma vibración. En nuestro nivel más bajo somos energía electromagnética que está compuesta de fotones de luz. Esta energía está dentro de nosotros, y nos guste o no, emitimos esta energía al mundo que nos rodea. Conocer este hecho es el primer paso para comprender la ley de la atracción. Nuestra mente consciente emite una forma débil de energía, y nuestro subconsciente emite una señal mucho más poderosa. Dominar la ley de la atracción implica comprender cómo y por qué la mente subconsciente es más poderosa y puede manifestarse tan fácilmente.

2. **Ley de acción inversa.** Esto dicta que cualquier idea, visión o concepto que resida en su subconsciente se manifestará y anulará cualquier idea, visión o concepto consciente. Cualquier deseo que tenga en forma consciente es relativamente impotente. Si lo programamos en nuestro subconsciente (y hay muchas formas de hacerlo) solo entonces se lleva a cabo la acción. La parte 'inversa' es que cuanto más intentamos hacer que algo suceda con nuestra mente consciente, más lo alejamos. Por el contrario, cuanto más creamos con nuestro subconsciente, más nos manifestamos. Esto también se conoce como la Ley del esfuerzo inverso: con su mente consciente, se esfuerza mucho por cambiar su pensamiento, su vida y sus circunstancias, a menudo con poco o ningún resultado (pérdida de peso, ¿alguien?). Esta es la experiencia de la mayoría de las personas con la comprensión "común" de la Ley de Atracción. Tu mente subconsciente es muy poderosa; Cuando dejas que tu mente subconsciente haga el trabajo pesado, los resultados comienzan a suceder. Un buen ejemplo se describe más adelante en la sección sobre gratitud: una historia de la vida real de un multimillonario que practicaba una sesión de agradecimiento de quince minutos todos los días que atraía su riqueza: ¿preferiría trabajar físicamente ocho horas al día o pasar quince minutos por día? día creando riqueza?

3. **La ley de la repetición.** Cuanto más hacemos algo, mejor nos convertimos en eso y más aceptable es para nosotros. Repitiendo su idea, o más exactamente: visualizando repetidamente con emoción entusiasmada su idea, visión o concepto tan a menudo como sea posible, comienza a arraigarse. Como todas las leyes, hay una explicación científica y lógica para esto. En nuestro cerebro tenemos vías neuronales, estos son los circuitos eléctricos que nuestro cerebro sigue cuando accede a la información o ejecuta cualquier comportamiento. Cuando comenzamos una nueva memoria o comportamiento, el cerebro establece un camino tentativo y débil. Pero el cerebro es eficiente y prefiere vías neurológicas bien desgastadas y establecidas: el cerebro utiliza la mayor parte de la energía de su cuerpo y utiliza menos energía de esta manera. Es por eso que es tan difícil cambiar un hábito o comportamiento

establecido. Cuanto más usamos un camino particular, cuanto más establecido se vuelve. Después de veintiún días de uso constante de esta nueva vía, la vía se convierte en una autopista en su cerebro y cualquier comportamiento se convierte automáticamente en un hábito. En esencia, es el concepto de 'atención' amplifica 'intención'. ¡Sigue repitiendo, con visualización y emoción entusiasmada, tu idea, visión y concepto!

4. **Ley de probabilidad.** El foco produce resultados. Cuanto más nos concentramos en un resultado específico, más probable es que ese resultado se manifieste. Nuevamente, esto tiene una base científica y en el Capítulo 5 demuestro físicamente cómo concentrarse en un resultado específico tiene una mayor probabilidad de manifestar ese resultado. Otro aspecto positivo de esta ley es el hecho de que cuanto más te concentras en algo, más inclinado está tu subconsciente a creerlo y lograrlo. Sepa que su poder funciona y se fortalece con el uso, como ejercitar un músculo.

5. **La ley de la dominación.** Cuanto más crees en tu idea, visión o concepto, más real lo haces. Esto se verifica mediante las creencias religiosas de "la fe puede mover montañas" y la declaración "si crees que puedes, tienes razón". Cuanto más dominante es una creencia en tu cabeza, más probable es que la creencia se manifieste. Hay una acción circular dinámica entre todas las leyes: un pensamiento repetido con la suficiente frecuencia y con un fuerte sentimiento se arraigará en el subconsciente y, en última instancia, se manifestará. Las manifestaciones continuas luego le dan fe y credibilidad a su capacidad de crear, lo que fortalece el acto de su creación. La razón por la que ha adoptado la fe, los valores y las creencias de sus padres es que ha estado expuesto a ellos durante un período de tiempo. A su vez, te han programado para que los aceptes porque se compartieron regularmente contigo, tan a menudo que ahora los aceptas como tus creencias. Ergo, sigue diciéndote afirmaciones positivas y sigue visualizando el resultado preferido; Es solo cuestión de tiempo antes de que su Mente acepte estas cosas como hechos inmutables.

6. **La ley de la acción retrasada.** Algunas personas se desaniman porque no ven materialización instantánea o rápida de su idea, visión o concepto. Confía en que el Universo tiene un Gran Plan, y que las cosas sucederán cuando se supone que deben hacerlo. Esto incorpora dejar ir y no estar apegado al resultado. Pero eso es incongruente: si no estamos apegados al resultado, ¿por qué queremos ese resultado? ¡De todos modos estar apegado al resultado, pero solo con tu mente subconsciente! Con nuestra mente consciente, "le decimos" al Universo lo que queremos, cómo lo queremos y enviamos un mensaje simultáneo sobre lo desesperados que estamos por tenerlo. Este es un proceso de "empuje", donde tratamos de forzar nuestra percepción en el Universo. A la inversa con nuestra mente subconsciente, una vez que la hemos programado correctamente, "le dice" al Universo cómo nos sentiremos cuando haya ocurrido una manifestación específica. Se centra en el resultado final. Este es un proceso de "extracción". La mente consciente trata de usar la fuerza, la mente subconsciente usa el poder. Los pensamientos tardan en fluir, en moverse por el Universo. Los pensamientos no se manifiestan de inmediato. Quién y qué eres ahora, no es una creación instantánea. Es una creación compuesta por el flujo de los pensamientos y emociones de antaño, los pensamientos y emociones de esta vida y los pensamientos y emociones de vidas y planos anteriores.

7. **La ley de asociación.** Nuestra percepción del mundo se ve afectada por las cosas "buenas" y "malas" que nos han sucedido a lo largo de nuestra vida. Esta programación está contenida en nuestra mente subconsciente. Si crecimos pobres, y nuestros padres siempre nos dijeron lo difícil que es la vida y lo poco que es el dinero, entonces esa es nuestra programación. Si pensamos que no somos saludables, entonces esa es nuestra programación, y tendremos a atraer un estado no saludable. Si creemos que no somos lo suficientemente buenos, entonces permanecemos en un estado de indignidad. Entonces, si nuestra asociación con el dinero es falta y escasez, eso es lo que experimentaremos. La solución es cambiar las asociaciones que tenemos con el dinero, la salud, las relaciones, la ocupación, la autoestima y la capacidad. Nuevamente, hacemos esto programando

nuestra mente subconsciente. Lo que piensas inconscientemente es en lo que te conviertes. Cuando continuamente piensas en un pensamiento específico, esto se atrinchera en la mente. Conjura imágenes relacionadas con el pensamiento y resultados específicos.

Mientras continúas haciendo esto, estás programando tu mente subconsciente. Estás quemando el resultado en tu ser central. Debido a esto, y basado en todas estas leyes, eso es lo que manifestarás. La ley de asociación afecta nuestra capacidad para crear de otra manera: si eres "bueno" en la manifestación, tendrás una asociación positiva con el acto de crear, lo que conducirá a una espiral ascendente de creación positiva: yo puedo, tengo la capacidad Y lo haré. Por el contrario, si tuviste "malas" experiencias cuando trataste de manifestarte, naturalmente serás pesimista al respecto. Esto conduce a una espiral descendente: lo probé antes y no funcionó, por lo tanto, no tengo la capacidad y no funciona.

8. **Ley de la emoción auxiliar (ley de la intensidad).** La intensidad de un pensamiento, sugerencia o imagen mental es proporcional a la emoción que lo acompaña. Si la sugerencia invoca una emoción débil, se asienta pero no está firmemente anclada en el subconsciente. Si la sugerencia evoca una fuerte emoción, está firmemente arraigada en el subconsciente. Es por eso que necesita una explosión de energía para sentirse bien para "energizar" la idea, visión o concepto y "quemarla" en su subconsciente. Cuando imagine lo que está tratando de manifestar, concéntrese en el sentimiento que tendrá y experimente cuando esa cosa se haya manifestado. Cuanto más intensamente pueda visualizar, imaginar o sentir la emoción, más fuerte será la programación en su subconsciente. Un ejemplo de esto es PTS (esto solía llamarse PTSD) es muy difícil de tratar. La razón principal es el terror asociado en el momento del evento traumático. El terror es una emoción intensa, que hace que se secrete una gran liberación de químicos de la memoria (hormonas y neurotransmisores). El evento PTS se arraiga profundamente en el subconsciente, tristemente con los aspectos negativos asociados. En términos de energía electromagnética, elel corazón es un transmisor más poderoso que el cerebro; por lo tanto, lo que sentimos es más

poderoso que lo que pensamos conscientemente.

9. **Ley de interpretación pesimista.** Si una declaración se puede interpretar de forma optimista o pesimista, algunas personas la interpretarán como pesimista. El Dr. Dabney Ewin explica que esto es una protección contra el peligro percibido: "Un antílope que ve los arbustos moverse y (pesimistamente) se aleja por temor a que un león tenga más probabilidades de sobrevivir que uno que asume que es un jabalí y continúa pastando. "En otras palabras, cuando tenemos una expectativa, invocamos el riesgo de que la expectativa no se cumpla y aumentamos la probabilidad de que ocurra la decepción o el rechazo. Una persona pesimista no aumenta este riesgo y, de hecho, recibe una recompensa percibida cuando "se demuestra que está en lo cierto" (cuando algo sale mal) Cuando tenga dudas sobre si su idea, visión o concepto se materializará o no, recuerde que los seres humanos son naturalmente pesimistas como resultado de un mecanismo de supervivencia inherente. Dominar su capacidad para crear es aprender para superar esta tendencia pesimista. Este pesimismo proviene de nuestro sistema cerebral inferior, la amígdala, y está relacionado con las creencias primitivas de supervivencia y nuestro cerebro reptil. Para superar esto, es necesario elevarse a un nivel superior. conciencia superior y anula este proceso de pensamiento de nivel inferior. Concéntrese en la Ley de Asociación, donde piensa en las veces que ha logrado sus metas con éxito. Puede ser impulsado por el amor o por el miedo. Es tu elección.

10. **Ley de percepción (Ley de creencia).** Si crees que algo es verdad, es verdad para ti. Independientemente de la realidad, se comportará en consecuencia cuando considere que algo es cierto. Sigue diciéndote a ti mismo que tu visión es verdadera y que lo será. La mente es una poderosa herramienta de creación, que necesitas entrenar y ejercitar. Un pensamiento con un resultado conocido es un hecho. Te das cuenta de lo que deseas. Esta es la ley que hace que cualquier placebo sea 100% efectivo. La Biblia afirma esto en Marcos 11:24: "Por lo tanto, te digo que, lo que pidas en oración, cree que lo has recibido, y será tuyo".

11. **La ley del equilibrio.** La naturaleza del universo en el que vivimos es el equilibrio. No olvides que la vida está en equilibrio y que hay un Gran Plan. Para que usted "reciba" algo, debe liberar algo, o renunciar a algo, o no recibir algo que fue destinado a usted. Tenga cuidado con lo que pide, permanezca en integridad y siempre esté agradecido por lo que tiene. Recuerda que tu Fuente sabe lo que necesitas y enturbias las aguas al pedir conscientemente lo que deseas humanamente. Esto no es negativo en el sentido humano, pero puede ralentizar su viaje espiritual, especialmente si lo que desea es de esencia material o cumple nuestros deseos básicos (riqueza, auto elegante, casa bonita, pareja atractiva, etc.). La dualidad es una característica de este plano terrestre, y tendemos a juzgar las cosas como "buenas" o "malas". Caliente y frío no son opuestos, solo diferentes grados en un solo continuo, Lo mismo es válido para lo bueno y lo malo. En realidad, todo es neutral, es solo cómo percibes las cosas lo que lo hace bueno o malo.

12. **La ley de la gratitude.** Ser agradecido SIEMPRE atrae más de lo mismo sin que tenga que renunciar a algo, porque ya lo tiene. Simplemente estás intensificando la cantidad. La gratitud es una emoción que vibra a un nivel tan alto que tiene el poder de atraer experiencias en un nivel vibratorio alto similar. La gratitud es la más poderosa de las Leyes de la Creación. En el Capítulo 6: Aumente su Potencial, Las Herramientas del Comercio, cubro la Gratitud con más profundidad.

13. **La ley de la homeostasis.** Cada uno de nosotros tiene un programa en nuestra mente subconsciente que es nuestro "guión" de cuán exitoso será cada uno de nosotros. Esta es la homeostasis, el guión de nuestra mente que impone nuestras limitaciones y establece el techo de nuestros éxitos. Pero este guión puede ser reescrito, y nuestras mentes subconscientes pueden ser "reprogramadas", utilizando afirmaciones, gratitud, atención plena (y otras herramientas posibles que se analizan más adelante). Si atraes el éxito por encima de tu límite de homeostasis, finalmente no lo retendrás. Un ejemplo rápido: piense en la historia arquetípica de la persona que gana una gran cantidad de dinero en la Lotería; después

de unos años han gastado el dinero y generalmente tienen menos de lo que comenzaron. Su homeostasis dictaminó que eran pobres, y eso es lo que finalmente se manifestó. Entonces, como ejercitar tu cuerpo con pesas, La homeostasis necesita ejercicio para aumentar su conjunto de valores. La base simple de la homeostasis es "créelo, ¡consíguelo!", Pero a nivel de la mente subconsciente.

14. **Ley de resistencia.** La resistencia es miedo. Mientras resistamos algo o alguien en nuestras vidas, estamos mostrando miedo. El miedo es lo opuesto a la atracción. Además, la resistencia dice que no estamos contentos con lo que hemos creado. El miedo es una emoción creacional, pero lamentablemente creamos el evento que temíamos. Este es un mecanismo de aprendizaje espiritual: espiritualmente no hay nada que temer, por lo que atraemos lo que tememos para que nos insensibilicemos al miedo, y así lo eliminemos de nuestro sistema de creencias. Se ha demostrado científicamente que provocamos nuestros temores. Psicológicamente, nuestro subconsciente producirá lo que tememos, para que podamos enfrentarlo y seguir adelante sin miedo. Nadar río arriba es laborioso, es mucho más fácil "ir con la corriente". En cierto sentido, esto significa que eres más tolerante.

15. **La ley de los rendimientos decrecientes.** Mientras más intentes con tu mente consciente diseñar o crear manifestaciones en tu vida, menos se involucrará el subconsciente. Un buen ejemplo es cuando te obligas a dormir a una hora más temprana de lo normal, ya que tienes que levantarte más temprano, pero el sueño te elude y permaneces despierto durante mucho tiempo. Si deja que su mente subconsciente haga el trabajo pesado, necesitará una mínima voluntad consciente y un esfuerzo para crear. Este es un elemento importante para comprender su capacidad de crear: cuando crea utilizando su mente consciente, crea utilizando su mente 'inferior' que vibra a una frecuencia electromagnética más baja, por lo que es más difícil de crear y cualquier creación no es tan permanente. El mundo en el que vivimos es completamente electromagnético, y la mente subconsciente está mejor equipada para crear a este nivel. En cierto sentido, estás nadando contra la corriente: el flujo natural de

la energía creativa. Cuando creas usando tu mente subconsciente, creas usando tu mente 'superior', que vibra a un nivel electromagnético superior, por lo que parece más fácil de crear, y cualquier creación es más permanente.

16. **La ley de los ciclos.** Las cosas, naturalmente, van "bien" por un tiempo, y luego van "mal". Aprende a apreciar los ups. Aprende a aceptar los inconvenientes. Nada es bueno o malo, por lo que siempre hay algo bueno en cada situación. Encuentra lo bueno y la aceptación seguirá, especialmente si también encuentras gratitud por lo bueno. La apreciación aumentará la frecuencia y la duración de los ups. Una lección seguirá regresando hasta que hayas aprendido la lección; La aceptación de las bajas reducirá su frecuencia y duración. En lo que te enfocas es en lo que atraes. Si piensa en diez cosas en su vida, probablemente ocho son "buenas" y dos son "malas". ¿Por qué gastas tanto tiempo y energía enfocándote en las dos cosas "malas"? Recuerda que te enfocas en lo que atraes. Entrénate para concentrarte en las ocho cosas "buenas", junto con la gratitud: automáticamente atraerá más cosas "buenas" a su vida. Las leyes de los ciclos, el equilibrio y la gratitud están indisolublemente unidas. Este es el Triunvirato de la Creación.

17. **La ley de la posibilidad infinita.** Esta ley puede estirar la mente para algunas personas. Todos los resultados existen actualmente: usted como es ahora, usted como el sexo opuesto, usted como astronauta, etc. La razón por la que está experimentando su realidad actual es porque esto es lo que su mente subconsciente se ha manifestado, en base a todas las entradas que usted Lo he dado. Este es el fenómeno que nos permite cambiar radicalmente nuestras vidas y manifestar una vida con alegría, salud, riqueza y éxito. El Capítulo 5 entra en más detalles sobre esto (¡mucho más!) Y prueba físicamente este concepto. Los científicos espirituales se refieren a la tercera dimensión que es lo que ves ahora: tu realidad actual. La cuarta dimensión es lo que es posible, la capacidad de enmendar las circunstancias tirando del Campo de Posibilidad Infinita. La física de la función de onda permite este campo de posibilidad infinita.

18. La ley de la vibración. El Universo no escucha lo que estás pidiendo. Siente la vibración de lo que estás pidiendo. Debido a que todo es energía, que vibra con una resonancia única, el Universo ofrecerá resultados coincidentes basados en esta frecuencia vibratoria resonante. Puedes pensar en ti mismo en términos humanos: pequeño (relativo al Universo), carne y hueso, lógico, emocional, químicamente receptivo. PERO el Universo no responde a estas cosas. No puede. Recuerda que todo es energía vibrante. Este es el lenguaje del Universo. Si quieres conversar con el Universo, debes hacerlo en el lenguaje que el Universo entiende: energía vibracional. Como humano, las mejores herramientas que tiene para esto son su corazón y su mente subconsciente.

La clave para crear magistralmente tu nuevo mundo es dominar la mente consciente. Debemos cambiar nuestros pensamientos y valores, y en esencia cambiar nuestra forma de pensar. Esto es increíblemente difícil, especialmente para empezar. Si alguna vez has intentado meditar y te has rendido porque es difícil o requiere demasiada concentración, entonces sabes de lo que estoy hablando. Para aquellos de ustedes que han intentado meditar y lo han dominado, aprender las Leyes de la Creación será mucho más fácil.

Para aquellos que luchan con eso, no te rindas. Pídale a su subconsciente que lo deje pasar cuando sea el momento adecuado. Pero en términos de lucha, ¿preferirías luchar 16 horas al día con tu vida consciente, o es hora de un cambio?

Capítulo 4 - Tú, el Creador

Creamos lo que vemos

Les digo a mis hijos todo el tiempo: "No tienes control sobre lo que sucede a tu alrededor. ¡Pero tú controlas al 100% cómo respondes! No estoy seguro de si realmente 'entienden' esta declaración todavía. Pero aquí es donde reside tu poder. Lo que percibimos como "realidad" es un modelo del mundo basado en nuestra vida, nuestras experiencias de eventos. Todos estamos lo suficientemente familiarizados con la Teoría de la Relatividad para saber que este modelo se ve desde "su" punto de vista, en función de sus creencias, sus perspectivas y sus limitaciones físicas. En términos de programación neurolingüística, "su mapa no es necesariamente el territorio". Estoy seguro de que has visto el meme donde hay un 6 o un 9 y, dependiendo de tu perspectiva, percibirás el 6 o el 9 y ambos son correctos según tu perspectiva individual.

Basamos nuestro modelo del mundo en gran medida en nuestra comprensión de los datos que nos rodean, y creemos absolutamente que nuestra versión del mundo es la única. Pero, una y otra vez, ciertos "pilares", los fundamentos de nuestras creencias concretas, se desplazan, cambian o se eliminan. ¿Alguna vez has estado tan seguro de algo solo para tener información adicional que cambia lo que piensas o crees? Luego tenemos que "recalibrar" el modelo de nuestro mundo. Los niveles de tiempo, tecnología y conciencia se prestan para convertir nuestra "realidad" en un nuevo nivel de verdad, y eso tampoco es necesariamente realidad, también puede cambiar en función del tiempo, la tecnología y la conciencia.

La imagen de nuestro mundo cambia constantemente a medida que adquirimos más información. Nuestra versión de la información generalmente no es la misma que la de otra persona, lo que explica por qué todos vemos el mundo de manera tan diferente. Su versión del mundo no es necesariamente correcta. Y debido a que todo es relativo, probablemente no sea correcto.

Lamentablemente, no solo tendemos a percibir mal nuestra realidad, sino que sesgamos esa percepción hacia las cosas negativas que nos suceden. Según Rick Hanson (PhD): "Los estímulos negativos producen más actividad neuronal que. . . estímulos positivos Los negativos también se perciben más fácil y rápidamente. Por ejemplo, las personas en los estudios pueden identificar rostros enojados más rápido que los felices. Los eventos y experiencias negativas se almacenan rápidamente en la memoria, en contraste con los eventos y experiencias positivas, que generalmente deben mantenerse en conocimiento durante una docena o más de segundos para transferir de las memorias intermedias de memoria a corto plazo al almacenamiento a largo plazo ".

Hay dos razones por las que nos centramos más en los aspectos negativos de nuestra vida, y por qué estos aspectos negativos se "queman" más intensamente en nuestra memoria que los aspectos positivos; El primero es la autoconservación. En tiempos prehistóricos había muchos peligros en el medio ambiente; Si se presentaba un peligro, necesitábamos concentrarnos rápidamente y generar todos nuestros recursos de lucha o huida en una respuesta obvia. Por lo tanto, nuestro cerebro primitivo está conectado para estar en alerta constante de señales negativas (peligrosas), para amplificarlas y hacernos concentrarnos en ellas, y luego responder al peligro. Naturalmente, nos centramos más en lo negativo como herramienta de supervivencia.

La segunda razón es la Ley de Intensidad. En términos simples, la intensidad de cualquier recuerdo es relativa a la intensidad de la emoción en el momento del evento. Si mamá nos compró un helado cuando teníamos cuatro años, este es un buen recuerdo pero tiene poca intensidad; lo más probable es que no podamos recordar el evento. Si tuvimos un accidente automovilístico grave cuando teníamos catorce años, esto se graba en nuestra memoria porque conlleva la intensidad del miedo experimentado. Como se mencionó anteriormente, el terror es una emoción intensa y, por lo tanto, los recuerdos de PTS están profundamente arraigados en la psique de una persona.

Su memoria es débil o fuerte dependiendo de la emoción en el momento del evento. Las emociones afectaron el tipo y la cantidad de hormonas y neurotransmisores en su cerebro. De la misma manera, cuando sientes la emoción de tener algo, tu cuerpo libera estos químicos. ¡Yo lo llamo emoticonos! La emoción que aplique tendrá el efecto de 'e-moción', energizando el movimiento de lo que desea atraer a su vida. Otra forma de verlo es que 'e-moción' es una abreviatura de movimiento electromagnético.

Entonces, podríamos tener una explicación semi-científica de por qué nos enfocamos en lo negativo más que en lo positivo, y por qué los recuerdos negativos son más fuertes, pero aún tenemos alguna opción sobre cómo reaccionamos a estos mensajes. Es en el ejercicio de esta elección que nos acercamos o nos alejamos de una conciencia superior. Si optamos por utilizar nuestras respuestas cerebrales primitivas, optamos por la lucha o la huida. Si optamos por utilizar nuestras respuestas cerebrales superiores, entonces suprimimos o reprimimos las emociones y los recuerdos y reaccionamos desde una mentalidad más racional. Si elegimos usar nuestras respuestas cerebrales superiores, entonces podemos elegir ignorar, eliminar, modificar, aceptar y perdonar. Obviamente, estas últimas elecciones son operadas desde un individuo que funciona mejor, una persona con una "conciencia" más alta que sus cerebros primitivos o emocionales.Usted tiene un músculo de "elección": la capacidad de elegir cómo respondemos a algo es un poder inalienable, y este músculo de elección requiere tiempo para desarrollarse. Como aprender a meditar, 'elegir' cómo reaccionas es un arte que requiere tiempo y práctica para perfeccionar.

Debemos aceptar que el mundo que hemos creado es nuestra responsabilidad. De esta manera, recuperamos el poder de crear. Cuando culpamos a otros o circunstancias, proyectamos un sentimiento de culpa, culpa y vergüenza. Cuando juzgamos, de hecho nos estamos juzgando a nosotros mismos, porque hemos creado la situación. Nada en tu vida ocurre sin tu participación. Cuando aceptas este hecho, este es el primer paso para reafirmar tu lugar legítimo como Creador de tu Universo. Permíteme enfatizar que mientras culpes a otros por tu situación, le estás diciendo al Universo que eres una víctima y no un Creador. ¿Eres una víctima o un creador?

> **Eres un sistema de auto observación que observa tu propia creación**
>
> **Confucio**

La ilusion de la realidad

Para cada uno de nosotros, lo que vemos lo percibimos como real. Por ejemplo, el libro que tienes en tus manos o la pantalla que estás usando para leer estas palabras. Pero sorprendentemente, nada en nuestro mundo es "sólido". Todo lo que percibes está formado por una red que tiene energía en su fuente. Esta red es básicamente una forma física temporal alrededor del espacio vacío. Todo en el Universo es esencialmente 99.99999999% de espacio vacío. ¿Puedes creer que si eliminaras todo el 'espacio', la raza humana entera encajaría en el tamaño de un terrón de azúcar?

Sé que es difícil de comprender, pero nada es "sólido" en nuestro universo. Un objeto que parece sólido es solo una entidad sutil formada por una vibración invisible. Esta forma está conformada por el Observador: usted. En este sentido, cada uno de nosotros crea el mundo que nos rodea. Estas vibraciones invisibles se manifiestan como figuras geométricas y de esta manera crean una entidad similar al cristal. El diseño de un copo de nieve, la forma de una flor y todo lo que ves adquiere su forma porque responden a una vibración invisible. Las estrellas, los planetas, los minerales, las plantas, los animales y los seres humanos son música invisible que ha tomado forma visible. Es invisible para nosotros debido a nuestro bajo estado de 'conciencia': nuestro espectro de comprensión no es lo suficientemente amplio como para comprender la infinitud increíble de todo.

La ilusión de separación

Un fotón viaja, es lo que hace un fotón. La energía que contiene lo impulsa en constante movimiento. El impulso de su energía es el factor determinante de su nivel de vibración. Cuanto más denso es un objeto, más lento se "mueve" y más bajo es su nivel de vibración. Un fotón vibra más alto que un humano, que vibra más alto que una roca, a pesar de que todos estamos hechos del mismo "material".

Según el Principio de incertidumbre de Heisenberg, puede medir la velocidad de un fotón O su posición, no ambas. Usted, el observador, ha elegido reducir la velocidad de los fotones para que aparezcan en forma material; ves tu cuerpo, tu casa, tu auto y el mundo que te rodea. Todo esto es de baja vibración porque es denso y tiene una forma visible: ha elegido "arreglar" su posición. Debido a que ahora ha observado su posición, no puede observar su impulso (vibración). En este sentido, estás "creando" lo que ves, estás creando tu mundo y todo lo que hay en él. Es tu mente consciente, que vibra a un nivel bajo, la que elige observar y "arreglar" los fotones, creando en efecto todo lo que te rodea. Su mente subconsciente vibra a un nivel superior y no "repara" los fotones, permitiendo que la energía realice movimientos continuos. Si fuera a perder el ego, su mente consciente, disiparía la ilusión a su alrededor porque ya no elige crearlo (es su acto de observación lo que crea). A esto se refiere A Course in Miracles cuando habla de la ilusión de la separación. Esto es lo que la Biblia quiere decir cuando se refiere al hombre que se separa de Dios. "Pecado" es la palabra latina que significa ir sin él; en este caso, eliges observar y crear la Tierra e ir sin la energía espiritual pura que estaría presente si no la observaras. Esto es lo que la Biblia quiere decir cuando se refiere al hombre que se separa de Dios. "Pecado" es la palabra latina que significa ir sin él; en este caso, eliges observar y crear la Tierra e ir sin la energía espiritual pura que estaría presente si no la observaras.

Los curanderos usan este concepto para sanar a las personas; eligen ver un resultado diferente, y en sus mentes "arreglan" los fotones para mostrar al cliente como sano y completo, por ejemplo, una curación de heridas. Es su fuerte creencia, y su intención, y la creencia del cliente en la habilidad del sanador, lo que lleva a la curación. Es la razón por la cual funcionan los placebos.

La regla básica de la física cuántica es que algo solo puede "aparecer" cuando se observa. ¡Eso significa que algo solo puede existir si la mente de alguien lo pensó por primera vez! ¿Ves ahora cómo creas tu mundo?

La ley de probabilidad

En el Capítulo 5 cubro en detalle la ciencia detrás de La Ley de la Creación y explico cosas como la "función de densidad de probabilidad" y la ecuación de Schrodinger. Me refiero a esto aquí, ya que es pertinente para mostrar cómo eres el Creador de tu propio mundo. La física demuestra que eres el Creador (¡al menos, de tu "pequeño" mundo!); El físico Max Born desarrolló el "función de densidad de probabilidad" en el Ecuación de Schrödinger. Cuando un fotón actúa como una onda y se encuentra con una interferencia (por ejemplo, rendijas en una pared) crea picos y valles. Born declaró que los picos indican áreas probables del fotón presente, y los canales indican áreas menos probables para el fotón presente; Esto tiene sentido, porque estadísticamente, con el tiempo, más fotones en un área crearon el pico presenciado. Aquí está la sorpresa: USTED afecta esa probabilidad. La energía que envías organiza una disposición más probable, o menos probable, de los fotones. En efecto, ¡la energía que emites crea la probabilidad del resultado! Eres una máquina de probabilidad.

La energía forma la base de fotones, biofotones, ondas de luz, ondas de sonido, ondas de gravedad y ondas magnéticas. Todo está hecho de fotones, que están hechos de energía. Creas tu realidad de dos maneras: primero, fijando las posiciones de los fotones, y segundo a través de tu vibración de energía electromagnética. Considere esto: incluso un pedazo de comida emite fotones; esto es lo que detecta la nariz cuando "huele" la comida. Estás constantemente emitiendo fotones, que están en vibración con tus pensamientos y emociones. Eres un emisor de fotones andante.

La luz, en su nivel más bajo, es información; el observador de la luz determina su forma, pero esta forma específica es solo para ese observador específico. Todas las ondas electromagnéticas tienen una propiedad de frecuencia (cuántas ondas por segundo) y amplitud (la energía de la onda). El tiempo se acelera y se ralentiza según la posición del observador (la relatividad de Einstein), que afecta la frecuencia.

Entonces, incluso las frecuencias de las ondas electromagnéticas son diferentes para cada observador. Lo que ves es diferente de lo que cualquier otro observador está viendo. Sabemos que los fotones existen en todas las posiciones posibles a la vez, esto se llama superposición cuántica, y nuestro acto de observación hace que los fotones tomen una forma sutil, esto se llama colapso de la función de onda cuántica.

> **Debido a que la realidad está entrando y saliendo de la existencia (hipotéticamente en el momento de Planck, 1044 veces por segundo, como explica el biofísico del Proyecto de Resonancia William Brown), cada vez que nuestra realidad oscila entre la forma y el estado de energía pura del campo, nuestra conciencia que es constante y no parpadea dentro y fuera de existencia informa al campo qué reaparecer como cuando hace su transición de regreso para formarse a nivel cuántico.**
>
> **Por lo tanto, cada vez que oscilamos en la falta de forma, tenemos un control y responsabilidad total y total sobre lo que elegimos con nuestra atención para manifestar fuera del campo en el próximo momento, y nuestro poder y capacidad para hacerlo se basa completamente en lo que creemos, y sobre cómo nos sentimos**
>
> **Brandon West, Creador de Proyecto Global Awakening**

Aquí es donde la física cuántica demuestra conceptos como la Ley de Atracción, visualización, oración, imágenes y "tú creas tu mundo". Esta es la Ley de Probabilidad. Su acto de observación forma su creación, y la energía de su mentalidad regula la probabilidad de la creación. En un extraño giro de la física de las olas, este es el equivalente de las propiedades de las olas: momento (= nivel de energía) y amplitud (= probabilidad de creación). Este concepto es la razón por la cual la confianza y la intención manifiestan la realidad pretendida la mayoría de las veces: la energía de la intención provoca una mayor probabilidad de que ocurra el evento. La "certeza" es un paso más alto: es una manifestación 100% segura del evento deseado. En este sentido, la Biblia y otros textos religiosos son verdaderos cuando afirman que "la fe puede mover montañas".

Esto también explica por qué los optimistas generalmente crean buena fortuna, y los pesimistas no. Su expectativa crea una intención, que afecta la curva de probabilidad. Piense por un momento en el significado literal de la palabra "frecuencia". Literalmente significa con qué frecuencia ocurrirá un evento. Cuando vibras a una "frecuencia" estás fijando los fotones de tu creación, y la probabilidad de que esto ocurra es la "frecuencia" que estás emitiendo. Cuando dos o más personas visualizan el mismo objeto, las dos ondas se unen rítmicamente y se amplifican, lo que significa que ganan poder.

> **Todo es energía y eso es todo. Coincide con la frecuencia de la realidad que desea, y no puede evitar obtener esa realidad. No puede ser de otra manera. Esto no es filosofía. Esto es físico.**
> **Darryl Anka**

Tu creas tu mundo

Sabemos que nuestra mente es un emisor y receptor de frecuencias. Lo que recibimos es relativo a lo que enviamos. Por lo tanto, sea consciente de sus pensamientos y evite los pensamientos, emociones y comportamientos negativos. Si está en el "estado de ánimo correcto" y está enviando las frecuencias correctas, eventualmente creará lo que sea que esté intentando. El miedo es un poderoso atractor; El miedo crea energía enfocada y aumenta la probabilidad de ocurrencia. "Atraes tus miedos" es una declaración válida.

A medida que comienza a crear utilizando la Ley de Creación, varias cosas comienzan a suceder o se refuerzan:

❖ Te impresionas con tu nueva habilidad. Obviamente, siempre tuviste la habilidad, pero ahora que entiendes cómo funciona, te vuelves mejor en eso.

❖ Empiezas a 'des-crear'; ahora que sabes las razones de cómo creas; comienzas a elegir no crear resultados negativos o de baja vibración.

❖ A medida que crea una vida mejor diseñada, naturalmente muestra alegría. La alegría es una emoción vibracional superior. Esto lleva a una espiral ascendente de emociones. Entonces, a medida que creas, tu capacidad de crear aumenta.

❖ El miedo ya no reina supremo. Ya no estás angustiado por la ansiedad. Donde hubo culpa o vergüenza por un evento o circunstancia, ahora eliges corregir el evento o circunstancia. Nuevamente, esto lleva a una espiral ascendente de emociones.

❖ Se produce un efecto placebo: cuanto más control tienes de lo que creas, más crees en tu poder para crear; "La fe tiene la capacidad de mover montañas".

❖ A medida que creas, te alejas de tu cerebro de lagarto y comienzas a residir en tu cerebro superior.

¡Todo esto aumenta enormemente tu potencial! Pero como cualquier arte, un proceso de aprendizaje del arte o habilidad conduce a un "conocimiento" intuitivo del arte o habilidad. Al seguir estas pautas, tendrá un plan para convertirse en un Maestro de la Ley de Creación.

Capítulo 5 - La ciencia detrás de la ley de la creación

Tracy insistió en que separara todas las cosas de física en un capítulo para que las personas con cerebro derecho como ella pudieran omitirlo y llegar directamente a los aspectos básicos de la creación. Si eres como yo, y necesitas la prueba detrás de esto para implementarlo, puedes encontrar esto tan fascinante como yo. Este capítulo detalla la prueba de la Ley de Creación. Si eres como ella, no dudes en saltarte este capítulo, ya que no necesitas conocer la ciencia detrás de La Ley de la Creación para que funcione para ti. Pero es fascinante, después de todo, es cómo se creó el Universo.

La física detrás de cómo creamos nuestro mundo

Debido a nuestro bajo nivel de vibración y nuestros rasgos de sugestibilidad, requerimos 'prueba' para que un concepto sea aceptado. Esta sección detalla un viaje gráfico a través de la física de cómo creamos nuestro mundo.

En todo nuestro Universo, la energía viaja en una onda hasta que golpea una interferencia. Los científicos intentaron observar la ola. Al hacerlo, la onda se convirtió en fotones individuales. El acto de observar cambió la energía de una onda a una partícula física. Le recomiendo que vea videos (como el Experimento de doble rendija del Dr. Quantum) para obtener una base para esta sección, que es el elemento fundamental de cómo creamos.

Dualidad onda-partícula

Cuando la ola golpea la interferencia (la única rendija en el diagrama de Dualidad de Partículas de Onda), la onda crea un efecto dominó en una superficie, similar a las olas que chocan contra una costa, y el efecto es un patrón de fotones golpeando la pared como el se muestra en el siguiente diagrama:

Dualidad onda-partícula

Rendija Única   Doble Rendija

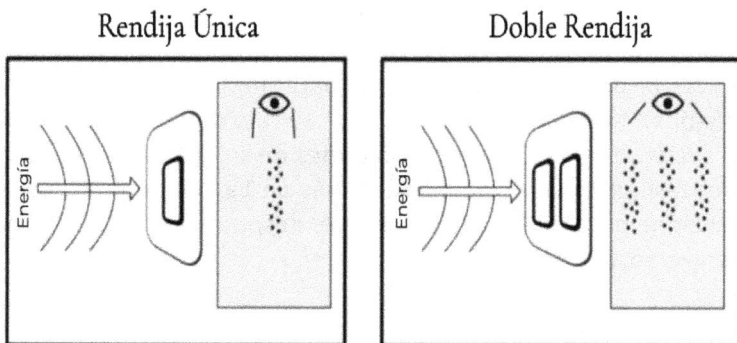

Todo esto encaja con nuestra teoría de las ondas. Usando una doble rendija, se esperaba que dos de esos patrones se formaran en la pared. Pero este no fue el caso, formó múltiples grupos de patrones adicionales. Esto confundió a los científicos hasta que se dieron cuenta de que los grupos de patrones adicionales fueron causados por las ondas que interfieren entre sí, causando picos y valles. Los picos son áreas de alta frecuencia y alta probabilidad.

Campo de probabilidad

Mire el siguiente diagrama de campo de probabilidad. En el patrón en sí, puede ver áreas de alta y baja probabilidad. La parte en el medio tiene una 'tasa de aciertos' más alta de fotones que aparecen en la superficie, en otras palabras, estas áreas tienen una mayor frecuencia de ocurrencia.

Entonces, a través del acto de observar, el observador "fija" la posición del fotón. Cuanto más enfoque dé el observador, mayor será la probabilidad de que aparezca un fotón en esa área. Si practica actividades de enfoque como la oración, imágenes, afirmaciones, etc., entonces está aumentando la probabilidad de manifestar el fotón.

Gráfico de Probabilidad

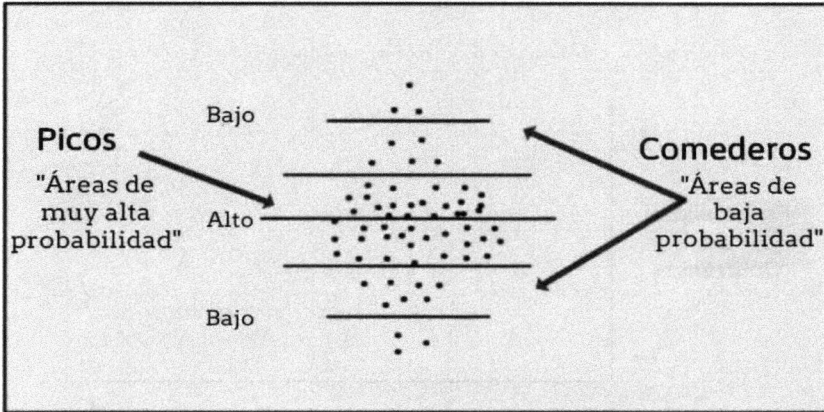

Cuanto más intensamente se concentre en un resultado deseado, mayor será la probabilidad de que ocurra. Mire el diagrama de probabilidad que sigue; Si tiene un bajo nivel de enfoque o creencia en una manifestación particular, entonces la probabilidad de que se manifieste se reduce, según el cuadrante inferior izquierdo.

Pero si tiene un alto nivel de creencia y / o un alto nivel de concentración, entonces la probabilidad de manifestación aumenta dramáticamente, hasta el punto de que si estuviera 100% seguro de algo, entonces esa manifestación ocurriría.

Infograma de Probabilidad

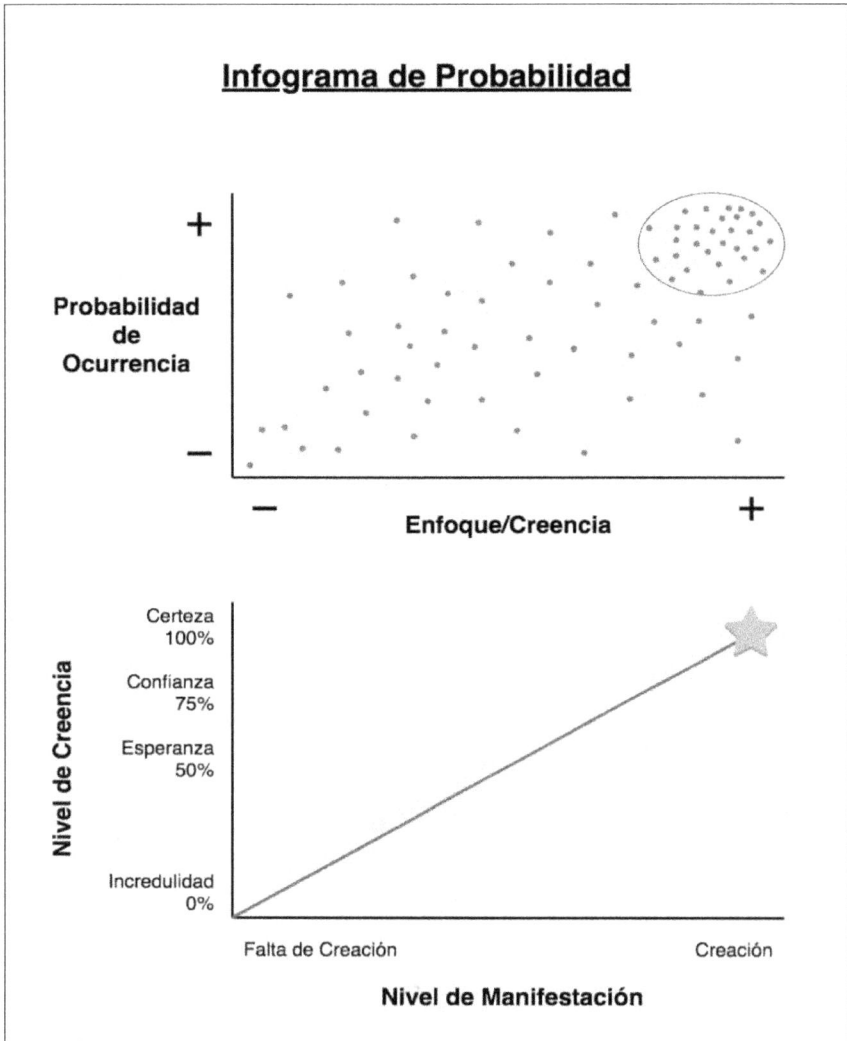

Camino de la creación

Estas herramientas de enfoque son: deseo, pensamientos, sueños, atención plena, imágenes, afirmaciones regulares, proyecciones masivas como el efecto Maharishi, oración y gratitud. Todas estas son herramientas de creación poderosas que aumentan la probabilidad de manifestación. La gratitud es la más poderosa de estas.

Caja De
Herramientas

Camino de Creación

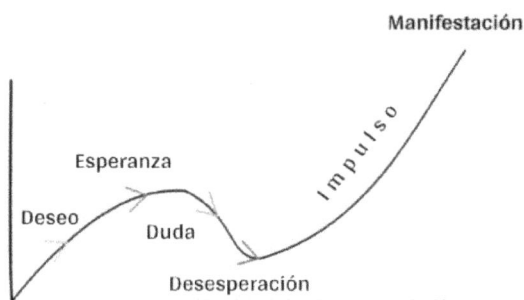

Herramientas de Enfoque
Deseo
Pensamientos
Atención
Plena Imágenes
Deportivas
Afirmaciones Diarias
Proyección Masiva
(Efecto Maharishi)
Oración
Gratitud

Manifestación

Esperanza

Deseo

Duda

Impulso

Desesperación

Considere el siguiente diagrama de la teoría del multiverso: cuando una onda de luz golpea una ventana, parte de la luz se refleja, otra parte es absorbida por la ventana y se deja pasar algo de luz. Lo mismo sucede cuando observas y "arreglas" los fotones. Absorbes o dispersas estos fotones que crean todo lo que ves. Este es el mundo que creas. PERO la onda también se transmite (transmisión) y continúa hacia el campo de energía. Esto lleva a un campo de probabilidad, donde cualquier cosa y todo se puede manifestar. La energía existe en todas las etapas y en todos los resultados y manifestaciones posibles. Es solo que, a través de tu acto de observación, has elegido "arreglar" los fotones en la manifestación A, por ejemplo, y no en la manifestación B o C o D, etc. La onda es pura posibilidad y el fotón / partícula es corriente 'realidad'. Hice esto audaz porque este es el concepto más importante en este libro. Existen todas las probabilidades posibles, pero el mundo que ves se forma como resultado directo de tu nivel de vibración, que es resultado de tus pensamientos, estado de ánimo, perspectiva y programación, y modificado por ellos.

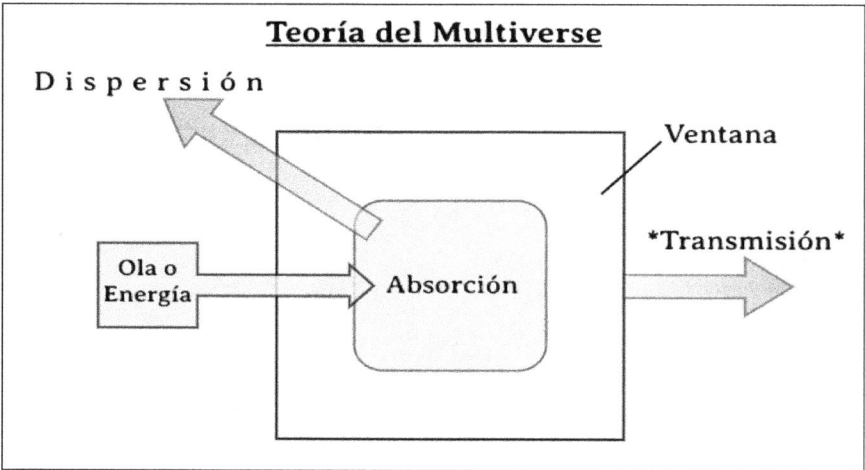

Teoría del Multiverse

Dispersión

Ventana

Ola o Energía

Absorción

Transmisión

Sin embargo, todas estas probilidades todavia existen. Has "arreglado" los fotones y manifestado una realidad basada en tu nivel de vibración. Esta vibración emana en dos niveles. El primero es tu nivel de conciencia. Cuanto más alto vibre, mayor será el campo de probabilidad que podrá ver y mayor será su capacidad para crear manifestaciones alternativas. Al igual que una radio, los mensajes que recibe se basan en su receptor.

El segundo es lo denso que eres. La energía en una materia densa tiene una longitud de onda larga y lenta (vibra a un nivel bajo), por ejemplo, el escritorio en el que está sentado. La energía en una materia enrarecida tiene una longitud de onda corta y alta (vibra a un nivel alto), por ejemplo, cómo viaja la luz a través del Universo.

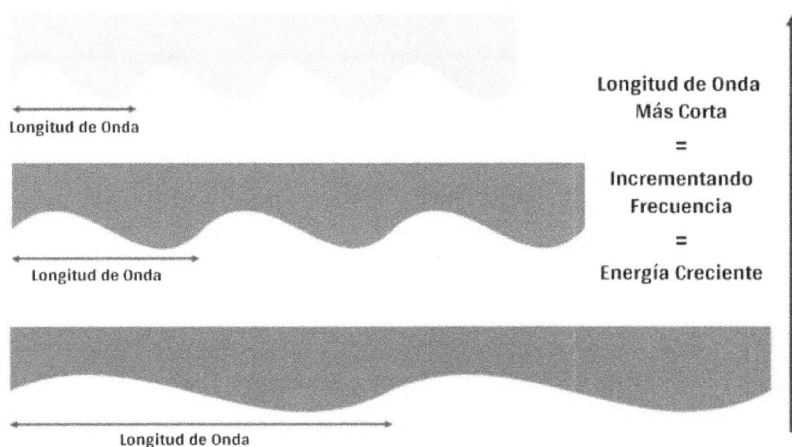

Longitud de Onda

Longitud de Onda

Longitud de Onda

Longitud de Onda Más Corta

=

Incrementando Frecuencia

=

Energía Creciente

Como ser humano, su mente consciente es relativamente densa; la luz / energía viaja a través de ti de manera relativamente lenta y vibras a un nivel relativamente bajo. Su mente subconsciente no tiene una limitación física, es una materia enrarecida y la luz / energía viaja rápidamente a través de ella (vibra a un nivel superior). Entonces, tu mente consciente solo es consciente del mundo físico en el que ves y vives. La mente subconsciente ve todo como un campo de energía, un Universo vibrante, y es capaz de interactuar y manipular esa energía.

Según el siguiente diagrama de la teoría de la creación, si vibras a un nivel bajo solo puedes ver una porción limitada del campo de probabilidad (la sección azul en el diagrama), de la misma manera que el ojo humano solo puede ver una pequeña porción del espectro electromagnético. Si vibras a un nivel superior, puedes ver más del campo de probabilidad, y cuanto más capaz seas de crear una manifestación en ese campo de probabilidad ampliado.

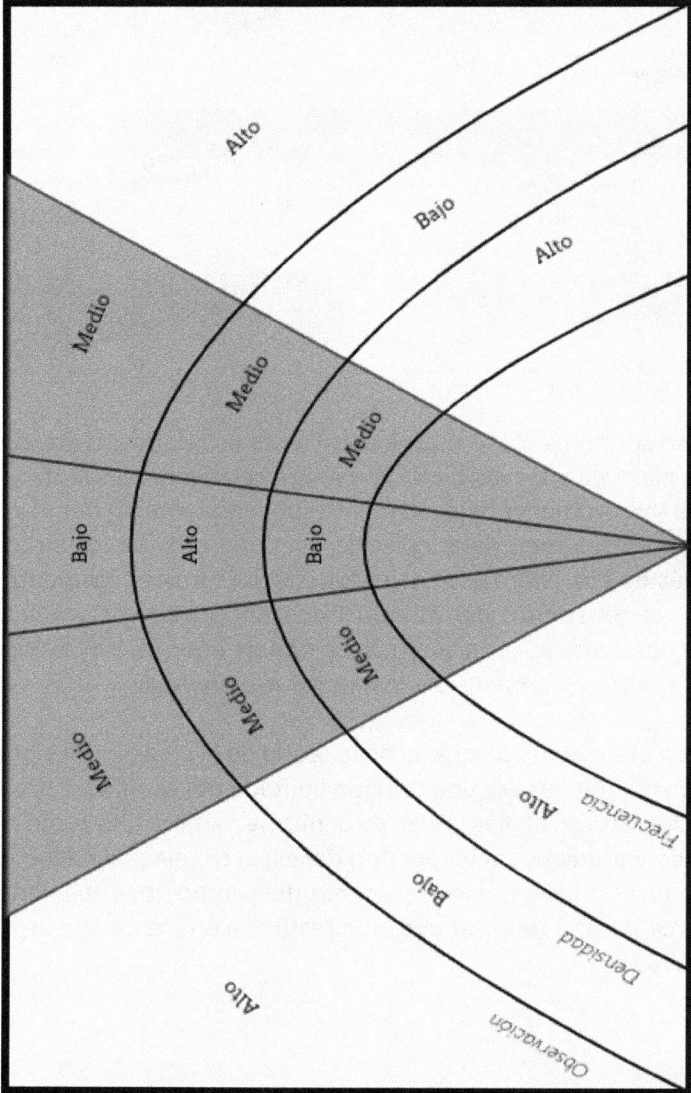

Teoría de la Creación

Ideal es alta frecuencia, baja densidad, alta observación

Para resumir, lo que observa depende de quién es usted, su nivel de conciencia, si está observando con su yo físico (mente consciente) o su yo no físico (mente superconsciente) al que accede a través de la meditación, la intuición, la precognición, sueños y Deja-vu. También es importante el hecho de que la energía que emites es similar al campo de energía que puedes atraer.

Si tiene alguna incertidumbre sobre su capacidad de crear, usar sus pensamientos y encerrarse en la energía sutil del Universo, recuerde esto: la gravedad, el magnetismo, la electricidad, la materia oscura y la energía oscura son principios científicos aceptados. Sin embargo, todos comparten dos rasgos: el primero es que no los entendemos; por ejemplo, van en contra de la física newtoniana en el sentido de que nunca parecen quedarse sin energía. El segundo es que todos son invisibles.

> **Conocer la mecánica de la ola es conocer todo el secreto de la naturaleza.**
>
> **Walter Russell**

Dualidad

En términos físicos, un fotón es una partícula diminuta que lleva una fuerza electromagnética. Es la piedra angular de nuestro universo. Pero incluso un fotón humilde es el epítome de la dualidad. Según el Principio de incertidumbre de Heisenberg, se puede medir el impulso O la posición de un fotón, pero no ambos. La dualidad en el nivel cuántico más bajo de nuestro Universo conduce a la dualidad en todos los niveles. El frío y el calor pueden parecer opuestos, pero si los considera extremos de temperatura, no son opuestos, sino extremos de un solo continuo.

A lo largo de este continuo hay un número infinito de temperaturas. Lo mismo ocurre con Oriente y Occidente. Si te diriges lo suficiente al oeste, terminas en un destino que antes considerabas este. Esta dualidad es una prueba de que todos los resultados existen simultáneamente o son resultados potenciales en el Campo de probabilidad.

Todo es dual; todo tiene polos; todo tiene su par de opuestos; igual y diferente son iguales; los opuestos son idénticos en naturaleza, pero diferentes en grado; Los extremos se encuentran; todas las verdades son solo medias verdades; Todas las paradojas pueden ser reconciliadas.
El kybalion

Inmortalidad cuántica

Basado en los escenarios de probabilidad infinita postulados por Heisenberg y Schrodinger, y otros, todos los resultados posibles existen a la vez. Esto significa que hay universos / vidas donde murió al nacer, murió de joven (viruela), murió de adolescente (accidente automovilístico), murió de adulto (cáncer). Aquí es donde se vuelve más extraño: el universo / la vida existe contigo como hombre / mujer, rojo / rubio / negro, bajo / mediano / alto, pobre / rico / famoso. Basado en el escenario de probabilidad infinita, estás viviendo todas estas vidas a la vez: esta es la "interpretación de muchos mundos". Piense en su cable, satélite o fuente de transmisión de TV, ¿cuántos programas o canales se emiten simultáneamente? ¿Cincuenta? ¿Doscientos? ¿Mil? Todos se muestran al mismo tiempo. Según cómo te sientas, eliges lo que quieres ver y sintonizas usando tu control remoto. Al vincular de nuevo a "usted crea su mundo", puede elegir alterar los detalles en esta vida actual (consciente). Todas estas vidas son conocidas y reconocidas por su subconsciente.

A través de la intención enfocada y las imágenes, podemos cambiar nuestra reprogramación de homeostasis, lo que lleva a la mente subconsciente a cambiar a un resultado diferente, como cambiar su canal de TV con su control remoto. Basado en los escenarios de probabilidad infinita, nunca dejas de existir, siempre estás "vivo" en alguna forma, infinitamente. ¡Los átomos en tu cuerpo tienen al menos 14 mil millones de años! Sabemos que la energía, la fuente de la materia, no se puede crear ni destruir, por lo que eres infinitamente viejo. Eres infinitamente viejo, en un universo infinito, en un campo de posibilidades infinitas.

Otra forma de verlo es esta: la conciencia es la conciencia, la conciencia de su cuerpo actual, el conocimiento y el entorno. Su enfoque en un resultado diferente cambia su conciencia a la entidad que está "viviendo" ese resultado. Te conviertes en la entidad consciente de los resultados deseados. Usted "experimenta" la nueva entidad.

Otro aspecto a considerar es el tiempo; El tiempo es un fenómeno temporal y es completamente relativo al observador. Si el observador no está allí, el tiempo no existe. El tiempo es lo que nos envejece y causa nuestra muerte humana. En un mundo no físico, el tiempo no existe, y por lo tanto tampoco la muerte.

> **Nunca hubo un momento en que tú y yo no existiéramos. Tampoco habrá un momento en que dejemos de existir.**
> **Bhagavad Gita 2:12**

Recupere su poder

El famoso experimento de doble rendija, mencionado anteriormente, demostró al mundo que la luz es tanto una onda como una partícula y, por lo tanto, de naturaleza cuántica. Por lo tanto, tiene múltiples cualidades opuestas, simultáneamente. El aspecto más sorprendente de este experimento es que indica que el fotón de la luz "elige" ser una onda o una partícula, dependiendo solo de si se está observando o no. Solo la observación o medición (de su velocidad o posición) manifiesta su posición y estado. El Principio de incertidumbre de Heisenberg establece que cuanto más precisamente se determina la posición de alguna partícula, menos precisamente se puede conocer su impulso, y viceversa.

John Wheeler fue un físico teórico cuya "Experimentos de elección retrasada"Sugieren que una vez que una partícula pasa a través de las rendijas, parece que puede alterar retroactivamente su comportamiento anterior en las rendijas. Wheeler concluyó que "ningún fenómeno es un fenómeno hasta que es un fenómeno observado", y que el Universo no ". . . existe, allá afuera, independiente de todos los actos de observación".

Lo poco que sabemos sobre física cuántica implica que el observador crea la realidad. Intuitivamente sabemos que esto es cierto, incluso si no entendemos las leyes físicas de cómo se logra. Usted, el observador, tiene el poder de crear su entorno y existencia. Al aceptar que usted es responsable de dónde se encuentra en su vida, sin vergüenza, culpa o juicio, comienza a recuperar sus poderes creativos. Mientras tengas a alguien o algún evento responsable de dónde estás en la vida o de tu sufrimiento, niegas tus poderes creativos. La Ingeniería de la conciencia, cubierta en el Capítulo 7, explora este concepto en detalle.

Capítulo 6 - Aumente su potencial, las herramientas del oficio

Todos nacemos con un guión. Este es un resumen de nuestras experiencias, valores y creencias. Por lo general, solo nos elevaremos al nivel del script con el que hemos sido programados. ¡Sin embargo, tenemos una capacidad asombrosa para reescribir ese guión, para aumentar nuestra valía, nuestras expectativas y nuestra merecimiento! Hay formas comprobadas de aumentar nuestro éxito, prosperidad y felicidad.

Henry Ford dijo: "Si crees que puedes o no puedes, tienes razón". Esta afirmación es brillante en su simplicidad y subraya el poder creativo que todos tenemos, pero la cita está equivocada en un área. "Pensar que puedes" implica que es una conjetura de la mente consciente. Cambia esto a "sabe que puedes". Entonces, una declaración más verdadera es "si sabes que puedes o sabes que no puedes, ¡tienes razón!" Cuando la mente subconsciente acepta algo como real, manifestará la realidad.

> **Hacer o no hacer. ¡Aquí no hay intentos!**
> **Yoda**

El poder de las palabras y el pensamiento

Todo sobre ti es electromagnético. Cada célula de su cuerpo, cada órgano, fibra, vaso, músculo y hueso tiene una vibración electromagnética. Su cerebro tiene una alta vibración electromagnética, solo superada por su corazón. Cada pensamiento que tienes tiene una vibración electromagnética, al igual que cada palabra que dices. Como saben, la energía electromagnética tiene una fuerza magnética. Cada uno de sus pensamientos atrae o repele eventos y experiencias en línea con su nivel de vibración. Quién eres, cómo piensas y cómo actúas, todo crea la manifestación que atraes.

Hacia el final del siglo 20 investigadores aprendí que el hipotálamo transforma un pensamiento, o meme, en millones de neuropéptidos que representan la emoción de un pensamiento. Para cada experiencia de pensamiento, el "centro de control" del cerebro libera una tormenta de aminoácidos en el torrente sanguíneo, que luego se inserta en las células dentro del sistema cerebro-cuerpo. Y, con el tiempo, estas células comienzan a anhelar estos neuropéptidos particulares, creando una profecía autocumplida de la emoción. Ahora, los científicos encuentran que los pensamientos negativos no solo afectan el estado de ánimo, sino también otros aspectos de la salud física y el aumento de los niveles de inflamación en el cuerpo asociados con una serie de trastornos y afecciones.

La memoria del agua ilustra cómo nuestros pensamientos e intenciones pueden alterar nuestro mundo físico. Esto ha sido ampliamente demostrado a través de estudios sobre el agua por el Dr. Masaru Emoto, cuyos estudios muestran cómo las intenciones y el pensamiento dan forma a la forma en que cristaliza el agua. El Dr. Emoto realizó muchos experimentos mediante los cuales puso agua en recipientes y pegó una palabra o palabras en los recipientes. Después de un período de tiempo, el agua se congeló y los cristales se examinaron con un microscopio electrónico. El agua asociada con palabras "agradables" formó hermosos cristales. Aquellos con palabras "malas" formaron cristales deformes y feos. La inferencia aquí es que la energía de la palabra impactó en el agua, ya sea positiva o negativamente, y el Dr. Emoto declaró que: "Todos tenemos una cierta frecuencia vibratoria, y se estima que nuestros cuerpos son aproximadamente 70% de agua. Dados los experimentos anteriores, es lógico que las frecuencias musicales también puedan alterar nuestro propio estado vibratorio. Cada expresión a través del sonido, la emoción,

Curiosamente, el Dr. Masaru Emoto descubrió que el cristal más perfectamente formado era con las palabras "Amor y Gratitud". No es "Amor" en sí mismo, ni "Gratitud", estos son hermosos cristales, pero no tan perfectos como el Amor y la Gratitud. De esto dedujo que "Amor y Gratitud" tiene una vibración más alta que cualquiera de las palabras en sí misma: un caso de "el todo es más que la suma de sus partes". Tenga en cuenta que el cristal perfectamente formado a continuación se titula "Amor y gracias", y el cristal malformado es "Tonto":

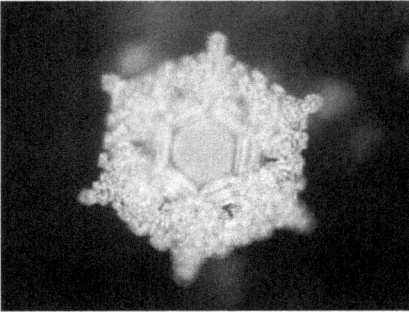

"Amor y gracias"   "Tonto"

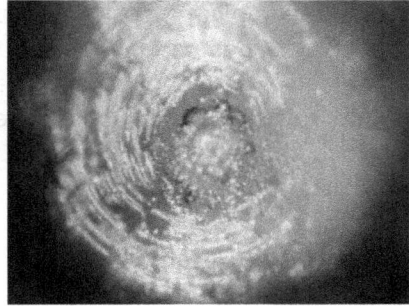

Sus pensamientos y palabras subrayan la transferencia de energía de usted al agua en su cuerpo, que afecta su sangre, células, cerebro y órganos.

La energía lleva información. Estudios recientes demuestran que el agua que fluye en un río tenía más "información" en la desembocadura del río que en su fuente. De alguna manera, había "adquirido" información en el camino. Entonces, tus pensamientos tienen información poderosa que transfieres a tu cuerpo (y al Universo). Es una calle de doble sentido: todo lo que entra en contacto con usted le transfiere información a usted y a usted.

Puede llevarle tiempo darse cuenta del impacto de su pensamiento; Para ayudarlo a comprender este concepto, piense en su mente subconsciente como un banco: todo lo que deposite crecerá y generará intereses compuestos. Deposita pensamientos de prosperidad, riqueza, éxito, amor, alegría y gratitud. Y sepa que cuando tiene pensamientos de miedo, ira, duda, ansiedad, entonces está haciendo un retiro de su cuenta.

> **Hasta que hagas consciente al inconsciente, dirigirá tu vida, y lo llamarás destino.**
> **Carl Jung**

Una vez que implementas el pensamiento positivo, tu mundo se transforma rápida y positivamente. Lo que piensas es en lo que te conviertes. Sabemos con la física cuántica que usted, el Observador, crea la realidad a partir del caos. Tú, el Observador, eres el Creador de tu mundo, tu universo. Estoy bastante seguro de que haces todo lo posible con todo lo que haces en la vida. En cuyo caso, ¿por qué no elegir crear una existencia perfecta?

Visualizando el resultado

Cuando visualizas algo en tu mente, tu mente-cuerpo responde como si fuera real. Por ejemplo, si me visualizo paseando al perro, el cerebro crea químicos y los músculos reaccionan eléctricamente como si realmente estuviera paseando al perro. El cerebro subconsciente no sabe la diferencia entre lo real y lo imaginado. Cuanto más imaginas, más real lo haces, de dos maneras: en primer lugar, el cuerpo lo cree y, en segundo lugar, estás aumentando la frecuencia (probabilidad de que ocurra) como se explica en el Capítulo 5.

Cuanto más visualice el evento, más sentidos involucres y más emoción involucres, mayor será la probabilidad de que ocurra el evento.

Homeostasis

Otro aspecto importante es el de la homeostasis: el deseo de que las cosas permanezcan igual. La mente subconsciente odia las incógnitas y nuestra eficiencia inherente nos mantiene utilizando las mismas vías neuronales. En general, a los humanos no les gusta el cambio, ya que el cambio nos saca de nuestra zona de confort, por lo que en todo lo que hacemos tendemos a mantener los mismos hábitos, rutinas y patrones. Esto nos mantiene "atrapados" en el nivel de nuestro guión. Para cambiar su homeostasis, puede aprovechar cuatro herramientas:

1. Esté abierto a todas las posibilidades y permítase poner el listón más alto, soñar con cosas más grandes, tener un sentido de autoestima y llegar a "creer" en el nuevo guión.
2. Use el refuerzo diario de todas las herramientas y consejos descritos en este libro. Sabemos que una ley clave de la creación es la repetición.

3. Tu cerebro subconsciente trabaja con lenguaje simbólico. Por ejemplo, puede usar el símbolo $ no solo para indicar riqueza y abundancia, sino también como un símbolo para significar su mayor alegría, amor, paz, etc.

4. Elija un momento específico del día para manifestar su nueva realidad, hacer sus afirmaciones y practicar la gratitud. Un buen momento es justo antes de dormir: debido al estado Alfa en el que te desplazas, la puerta de tu subconsciente ya está abierta.

El miedo como un disruptor de la creación

Lo que resistas persistirá. Estás dando energía a las cosas negativas. Concéntrese solo en lo que quiere, no en lo que no quiere. Cuando aprendí a conducir una motocicleta, se me advirtió que me concentrara en dónde quería ir y no en el bache en el camino, ya que, si te enfocas en el bache, ¿adivina qué sucede? Cuando te enfocas en lo que no quieres, accidentalmente estás vibrando a esa frecuencia. La frecuencia se convierte en probabilidad.

La preocupación y el miedo es "incredulidad". La incredulidad es en realidad creer en lo contrario de lo que deseamos crear. ¿O es eso? Detrás de cada miedo hay un deseo. El miedo es una herramienta creativa, pero lamentablemente tiende a crear lo contrario de lo que esperábamos. Cuando existen creencias conflictivas, saboteamos nuestra creación de realidad. Es por eso que fallamos en manifestar lo que queremos.

Preocuparse es usar su imaginación y emoción para crear algo que no desea. La preocupación y el miedo es incredulidad. Nuestras creencias crean realidad. Cuando existen creencias conflictivas, saboteamos nuestra creación de realidad. Es por eso que fallamos en manifestar lo que queremos. Comienza a sentirte bien con lo que quieres, habla bien de lo que quieres (por ejemplo, cuando no quieras olvidar tirar la basura, dile a ti mismo que recuerdes sacar la basura, en lugar de decirte a ti mismo que no olvides ya que la mente subconsciente no trata con los negativos ("no olvides" versus "recuerda"), toma medidas hacia lo que deseas. Cuando todos los pensamientos, sentimientos, palabras y acciones están alineados, su deseo se manifestará mucho más rápido y más completamente. Estar fuera de alineación en cualquiera de estas áreas siempre impide su manifestación de alguna forma. Como el agua en un río La energía toma el camino más fácil. La corriente eléctrica utiliza el camino más corto para fluir. Por lo tanto, ofrezca un camino pensando y visualizando lo que quiere.

Según el diagrama de la Teoría del Multiverso en el Capítulo 5, alguna luz siempre continúa en el Campo de Probabilidad. Cuando cambias tu enfoque hacia las posibilidades, aumentas la frecuencia de probabilidad. Si te enfocas en tu vida y situación actual, entonces esto es de lo que manifestarás más. Al centrarse en una alternativa, eso es lo que manifestará. Por ejemplo, 'depresión', puede parecer que estoy simplificando la depresión, pero no lo estoy, cuando una persona está deprimida, tiende a centrarse en lo que está mal, el lado negativo actual de su vida tal como existe. ahora mismo; Esto no solo consolida las características de esa vida, sino que también apaga la creatividad (imaginar, visualizar, esperar), lo que hace que sea más difícil salir de la depresión. Al cambiar su enfoque, no solo cambia lo que está manifestando, También comienza a cambiar su estado deprimido. ¡Puede ser así de fácil! El miedo es igualmente ineficiente cuando te enfocas en lo que no quieres que suceda (como golpear el bache), pero el enfoque en sí mismo está creando un problema no deseado y aumentando la frecuencia de probabilidad. Si te enfocas en tus miedos y situaciones no deseadas, entonces esto es lo que manifestarás.

Miedo al fracaso

El miedo al fracaso es tan común que incluso tiene su propio nombre de "fobia": atipifobia. Una persona puede tener un objetivo claramente definido que desea alcanzar. Pero esto puede compensarse con un objetivo subconsciente y poco claro. Por ejemplo, piense en una persona que quiere pronunciar un discurso público. Su objetivo consciente es una dirección bien entregada a una audiencia pública. Sin embargo, el miedo a fracasar, hacer el ridículo u olvidar lo que quieren decir, está presente en su mente. Entonces, la visión de una audiencia entretenida colgando de cada una de sus palabras es un objetivo y la visión de reírse es un objetivo diferente y opuesto. Su cerebro no diferencia si lo que quiere es bueno o malo, solo entrega lo que piensa a través de un ciclo de atención selectiva, acción y refuerzo.

Puede operar diariamente por amor o miedo. El amor es un atractor; El miedo es un repelente, y en términos de la Ley de Creación, es un "retiro de cuenta bancaria". Al igual que en el ejemplo anterior de recordarse a tirar la basura, decirte a ti mismo que recuerdes tirar la basura es la manifestación positiva, mientras que decirte a ti mismo que no olvides es lo negativo: el subconsciente no se ocupa de lo negativo y no es negativo en este caso, todo lo que su subconsciente escucha es "olvidar", no escucha "no".

Miedo al éxito

El miedo al éxito es similar a miedo al fracaso. Tienen muchos de los mismos síntomas, y ambos miedos nos impiden alcanzar nuestros sueños y objetivos.

Si ha sido programado para creer que solo vale 'x', entonces será imposible alcanzar un valor de '2x'. Su homeostasis es un poderoso sistema de creencias que produce manifestación: lo que usted cree profundamente, lo manifestará. Si inconscientemente cree que no merece tener éxito, entonces creará exactamente eso: una falta de éxito.

Algunas personas no intentarán tener éxito porque cuando fallan enfatiza lo que creían en primer lugar: que son un fracaso. No intentar algo significa que no hay pruebas evidentes de que sean un fracaso. Entonces, en sus cabezas, podrían ser lo que quieran ser si solo quisieran ser. Esta fantasía se desvanecería al intentar obtener el éxito y no lograrlo, y esto sería evidencia de que es un fracaso.

Este único aspecto separa a las personas exitosas de las que no lo son: una persona que cree en sí misma intentará algo que no sabe si tendrá éxito, pero a) es optimista de que puede tener éxito, y b) si fracasa, ha suficiente autocontrol. estima o confianza en sí mismos para aceptar el fracaso y luego analizar el fracaso para que puedan aprender la lección y utilizar esta experiencia en el próximo esfuerzo. Un pesimista o una persona con baja autoestima no intentará tener éxito porque cree que fracasará, o quizás por falta de confianza en sí mismo.

Afirmaciones

Las afirmaciones se refieren principalmente a la práctica del pensamiento positivo y el autoempoderamiento, fomentando la creencia de que "una actitud mental positiva respaldada por afirmaciones logrará el éxito en cualquier cosa". Más específicamente, una afirmación es una declaración cuidadosamente formateada que debe escribirse y repetirse con frecuencia. Para que una afirmación sea efectiva, debe estar en tiempo presente, positiva, personal y específica. Dicho en voz alta también aumenta su efectividad.

La palabra afirmación proviene de la afirmación latina, que originalmente significa "hacer constante, fortalecer". Y eso es lo que le hace a nuestras vidas: nos estabiliza y nos fortalece, nuestra mente, nuestro cuerpo y nuestras creencias.

Las afirmaciones son métodos probados de superación personal debido a su capacidad de reconectar nuestros cerebros, creando un camino hacia nuestro subconsciente. Al igual que el ejercicio, permiten la liberación de hormonas para sentirse bien que nuestros cerebros usan para formar nuevos grupos de neuronas de "pensamiento positivo" en la secuencia de pensamiento-discurso-acción, las afirmaciones juegan un papel integral al romper los patrones de pensamientos negativos, negativos discurso y, a su vez, acciones negativas.

Esencialmente, realmente creamos nuestro mundo. Lo que reflejamos, lo que pensamos, decimos y hacemos, se convierte en nuestra realidad. El trabajo del Dr. Masaru Emoto sobre los cristales de agua revela el efecto que la energía tiene sobre el agua. Como tenemos más del 70% de agua, esta energía también tiene un efecto masivo en nuestros cuerpos y mentes. Por lo tanto, lo que piensas es en lo que te conviertes.

Una actividad diaria poderosa es decir afirmaciones para ti mismo. Estas afirmaciones te ayudan a:

- ❖ vibrar a un nivel superior
- ❖ atraer el resultado que estás describiendo
- ❖ comienza a moverte por la espiral emocional
- ❖ enfócate en lo que deseas en la vida

> **Cada pensamiento que pensamos está creando nuestro futuro.**
> **Louise Hay**

Recuerde repetir sus afirmaciones con la frecuencia suficiente para que se convierta en un mantra de su vida. ¡Sé tan específico como puedas y cree en la afirmación! Es su creencia lo que provoca la manifestación. Sin creencia, las afirmaciones son solo palabras.

El Dr. Bruce Lipton (en "7 Maneras de Reprogramar Su Mente") afirma: "Sus creencias subconscientes están trabajando para usted o contra usted, pero la verdad es que no está controlando su vida, porque su mente subconsciente reemplaza todo control consciente". Entonces, cuando estás tratando de curarte desde un nivel consciente, citando afirmaciones y diciéndote que estás sano, puede haber un programa subconsciente invisible que te está saboteando".

La razón simple por la que las afirmaciones funcionan o no funcionan es si su subconsciente "cree" o no la afirmación. La repetición es una buena manera de programar su subconsciente: la exposición continua a algo lo convierte en una "verdad" con el tiempo.

Las afirmaciones más poderosas son aquellas que crean imágenes en el subconsciente. Cuando declares tu afirmación, VISUALIZA el resultado final en tu mente. Mírate a ti mismo como SER 25 lbs. más ligero, nos vemos CONDUCIENDO su auto nuevo, IMAGEN el cheque por $1M (en detalle, ¿de quién es el cheque? ¿Fecha? ¿Firmado por?). ¡Y concéntrate en los sentimientos! ¿Cómo te sentirías si tuvieras un cheque por $ 1M en tu mano en este momento? La mente subconsciente trabaja en símbolos e imágenes, no en lenguaje. Necesitas afirmar en emociones, símbolos e imágenes.

Una afirmación actual de Tracy's es: "Todos los días veo la belleza de este mundo y me conecto con otros enamorados". La forma en que Tracy desarrolló esta y otras afirmaciones fue mirar la descripción de las emociones (tratadas en el próximo capítulo bajo Poder versus Fuerza) y elegir cómo quería vivir el resto de su vida, cómo quería sentirse y qué quería. para lograr y desarrollar las afirmaciones en consecuencia para ayudarla a alcanzar este nivel de emoción. Tracy resonó con alegría que vibra a un nivel de 540. Las características de la alegría son "amor incondicional y un sentimiento permanente de alegría. Cada momento es felicidad. Las personas que vibran de alegría muestran una creencia y paciencia inquebrantables a pesar de las pruebas y tribulaciones masivas. Son consumidos por la compasión por el mundo y todo lo que hay en él. Ellos ven el mundo como un lugar de paz, belleza y felicidad (porque se manifiestan desde adentro). Son capaces de manifestar eventos de alto nivel e incluso milagros ". Tracy tiene las afirmaciones pegadas en el espejo del baño, por lo que las ve a primera hora de la mañana y a última hora de la noche.

Escritura

Su escritura fluye desde su subconsciente, nos informa sobre su estado mental. Hay varios aspectos de la escritura a mano que se relacionan con la mejora de su autoestima y autoestima. Su letra es un proceso ideomotor. Si escribiera una página completa de escritura cursiva, en una página en blanco sin líneas, su escritura da buenas pistas y señales sobre su estado emocional, físico, fisiológico y psicológico. Curiosamente, lo contrario es cierto. Al aprender y aplicar rasgos específicos de escritura a mano, entrenamos y dirigimos nuestro subconsciente

Por ejemplo, la altura de su "t" representa su ego / autoestima. La altura de la barra en la "t" es su nivel de confianza o sus objetivos. Una barra alta indica alta confianza u objetivos ambiciosos. El ancho de la barra indica impulso para el éxito: nuestra capacidad para iniciar proyectos, seguirlos y finalizarlos. Si ahora comienza a hacer "t" altas con una barra transversal alta y una barra transversal ancha, subconscientemente adquirirá más autoestima, confianza e ingenio en la finalización de proyectos. Vea el inserto para ver un ejemplo de las 'T' de Thomas Edison: ¡son impresionantes!

La grafología está fuera del alcance de este libro, pero para cualquier lector interesado en llevar esto más lejos, recomiendo un curso de análisis de escritura a mano. Mientras tanto, practique reescribir sus "t", ¡ahora tiene "t" altas con una barra larga colocada en lo alto del tallo!

El poder de la conciencia grupal / oración

Los pensamientos emanan de ti en un patrón de onda. Cuando varias personas combinan sus pensamientos (por ejemplo, un grupo de oración), las olas forman picos y valles. Los picos provocan una mayor probabilidad de manifestar el evento por el que se reza, una mayor frecuencia del evento. La oración intensa o la súplica de un individuo también aprovecha este efecto. El efecto Maharishi es causado por este fenómeno. Las ondas de energía tienen dos valores: frecuencia y amplitud. La frecuencia es la naturaleza de sus pensamientos y deseos, la amplitud es el poder o la intensidad de esos pensamientos y deseos. La conciencia grupal y la oración intensa son dos formas de aumentar la amplitud (poder).

Imágenes de realidad

Pensar en cómo quieres que se vea esa creación es solo semi-efectivo. La forma más poderosa de crear es actuar como si ya estuviera allí. Actúa como si fueras un multimillonario, actúa como si fueras un maestro trascendido, actúa como si estuvieras en la cima de tu profesión, etc. Tu antiguo proceso de creación de "pensar, decir, actuar" debería cambiar. ahora se convierte en "actuar, decir, pensar". Por lo general, si fuera un multimillonario, podría dar libremente su riqueza a otras personas. Es posible que no tenga efectivo líquido para dar, pero puede dar abundancia a otros en cualquier medio que tenga disponible. Por ejemplo, da de ti mismo, dale tiempo y atención a otros que necesitan tu experiencia y sabiduría.

La paradoja del estado de ondas cerebrales

Cada segundo del día, cada neurona y sinapsis en nuestro cerebro se dispara con energía eléctrica. Este flujo constante de energía eléctrica asegura la comunicación fluida del cerebro al cuerpo, del cuerpo al cerebro y entre las diversas partes del cerebro. Se puede medir por un dispositivo de electroencefalografía, que comúnmente se conoce como EEG. Medimos esta energía cíclica en hercios (ciclos por segundo). Los diversos estados de comportamiento emocional desencadenan diferentes estados de energía eléctrica dentro de nuestros cerebros. Llamamos a estos "estados de ondas cerebrales", y los siguientes son sus principales rangos:

Estado de ondas cerebrales	Rango de hercios	Comportamiento
Epsilon	0.5 y menor	
Delta	0.5 a 4.5	Profundo sueño natural Sueño inducido por drogas o sustancias.
Theta	4.5 a 7.5	Sueño ligero, sueño REM, sueños, hipnosis profunda, emociones como la gratitud.
Alfa	7.5 a 12.5	Profundo relajación, momentos antes de conciliar el sueño o la vigilia, meditación básica, atención plena, hipnosis ligera.
Beta	12.5 a 30	Estado normal 'despierto'
Gama y Hyper Gamma	30 a 60 60 a 100	'Lucha o huida ',' en la zona ', terror, conmoción, excitación extrema, euforia.
Lambda	100 y superior	

Como muestra la tabla anterior, la mente está en diferentes longitudes de onda dependiendo de nuestro estado, emociones, nutrición y factores externos. Todas estas ondas cerebrales están activas en nuestro cerebro todo el tiempo, pero uno de los estados de ondas cerebrales será el más dominante, y nuevamente esto depende de la persona; cómo se sienten / experimentan, qué están ocupados haciendo, la hora del día y cuáles son sus emociones.

El estado alfa e inferior permite el acceso al subconsciente. La Ley de Intensidad establece que la fuerza de cualquier recuerdo es proporcional a la fuerza de la emoción en el momento de la memoria. Entonces, para que cualquier comportamiento nuevo se cemente en el subconsciente, se requiere un estado de ondas cerebrales de alto nivel, como Gamma, por ejemplo. Esto lleva a una paradoja: si el estado Alfa relajado abre el subconsciente y el intenso estado Gamma "quema" la memoria en el subconsciente, ¿seguramente los dos estados de ondas cerebrales no pueden coexistir?

Por lo general, se produce uno de estos dos escenarios:

❖ Nos despertamos y, en un estado Beta, promulgamos protocolos de la Ley de Creación, como la afirmación y la gratitud. Podemos acompañar esto con una explosión de emoción de sentirse bien (estado Gamma).

❖ A medida que nos quedamos dormidos (estado Alfa) promulgamos protocolos de la Ley de Creación, como la afirmación y la gratitud. Podemos acompañar esto con una intención de sentirse bien (estado Beta).

Pero como se mencionó anteriormente, la clave es usar el estado Alfa para abrir el subconsciente y el estado Gamma para "quemarlo" en el subconsciente.

Un método para lograr este estado de ondas cerebrales "duales" es usar latidos binaurales, mediante los cuales podemos introducir cualquier frecuencia de ondas cerebrales en el cerebro (dentro de lo razonable). Entonces, en teoría, podríamos estar en un estado de hipnosis (estado Alfa) y recibir un latido binaural de 30 Hz + (estado Gamma).

Un segundo método es cuando el cuerpo está profundamente relajado y la mente está en un estado de concentración y concentración elevadas, en el electroencefalograma de algunos sujetos se puede ver actividad cerebral baja (10 Hz) y alta (40 Hz).

Pero el método más poderoso es este: la gratitud puede ser un pensamiento, o puede sentirse profundamente, energizado por una emoción amplificada. La gratitud es un estado de onda cerebral Theta: cuando esta gratitud se siente profundamente, recibe una dosis de Gamma. Gamma se ve en bendiciones y euforia. Un profundo estado de gratitud es una combinación de bendiciones y euforia, dando bendiciones por su estado positivo combinado con una sensación de euforia debido a su estado positivo. En pocas palabras, la gratitud es el método más poderoso para manifestar tus intenciones.

Se cree que los monjes tibetanos que meditan alcanzan el estado Gamma. Quizás los años de entrenamiento dedicado le permiten a la mente estar en un estado Alfa, mientras que el cuerpo de la mente logra un estado Gamma. Irónicamente, su poder de manifestación probablemente les permite manifestar lo que quieran, pero su nivel de conciencia significa que no quieren nada. Al igual que el equilibrio en la naturaleza, Gamma tiene un aspecto negativo (es el estado de miedo, estrés y ansiedad) y un aspecto positivo opuesto (enfoque, rendimiento, memoria, compasión).

El gran plan / contrato del alma

A veces, un resultado deseado solo se manifiesta mucho más tarde, y en otros casos nunca lo hace. Digamos, por ejemplo, que desea el mejor resultado posible para usted: elija "una empresa que sea significativa y que genere un ingreso abundante". Entonces te sorprendes y decepcionas cuando tu próxima empresa falla, y la siguiente. Finalmente, quizás muchos años después, lanzas una aventura que tiene éxito y te llena de felicidad. Las dos (o más) fallas fueron necesarias para ayudarlo a comprender lo que le gusta y lo que no le gusta. Una empresa puede haber sido rentable, pero no significativa, y quizás la otra significativa pero no rentable. Con suerte, la empresa exitosa resultante le da el sentido de propósito que necesita, al mismo tiempo que obtiene los ingresos que esperaba. Ten paciencia, ten fe, y confía en el camino en el que estás. Después de todo, creó la ruta y eligió la ruta. Confía en ti mismo. Absorba los comentarios de cada pensamiento, acción y aventura, y ajuste el viento en sus velas.

Si, por ejemplo, desea atraer abundante riqueza a su vida y está tratando conscientemente de manifestarlo, pero su contrato de alma era experimentar escasez y pobreza, hay una paradoja. Nuestro contrato del alma es subconsciente, y nuestros mantras de la Ley de Creación son conscientes. Sabemos que nuestro subconsciente es muchas veces más poderoso que nuestro consciente, en cuyo caso, ¿cuál crees que enviará una señal más fuerte al Universo? Si nuestro objetivo en la vida es encontrar y alcanzar la ascendencia a través de la conciencia, y reconocemos que la mayoría de las solicitudes de la Ley de Creación que hacemos son para cosas materiales en nuestra vida, entonces podemos apreciar que esto es incongruente. La conclusión es atender sus necesidades y no sus deseos.

Concéntrese en lo que realmente quiere

Digamos que quieres manifestar toneladas de dinero. ¿Pregúntate por qué? ¿Por qué quieres mucho dinero? Tal vez no sea el dinero que desea, tal vez sea la libertad, independencia y elección que presenta el dinero. Más bien, entonces, enfóquese en el resultado final: en este caso, la libertad, la independencia y la elección que anhela. Me gustaría señalar aquí el tema de 'desear'. Desear es, de hecho, un proceso negativo. Está motivado por el miedo. Asociado con el deseo está la conciencia de la "falta". La conciencia de que te falta el dinero, la salud o lo que desees. Además, cuando desea algo, es una indicación de que no espera que el deseo se materialice, de lo contrario no lo hubiera deseado en primer lugar. Desear también carece de las "emociones entusiasmadas". ¿Recuerdas la fórmula de la Ley de la Creación? **Visualización + emoción entusiasta = manifestación** !

No se adjunte al resultado

Probablemente has escuchado esto varias veces: "no te apegues al resultado". Obviamente, esto es extraño porque deseas un resultado particular, y es por eso que es un deseo. Lo que realmente significa es esto: no temas al resultado, o el resultado podría no manifestarse. Diseña un resultado, establece tu intención y deja que se manifieste. Si no se manifestó, no se preocupe. Simplemente restablecer la intención. A través de la creencia continua (Leyes de repetición, percepción, creencia y probabilidad), su subconsciente comienza a comprender su diseño.

Creencia religiosa

Lo que percibes como realidad es la realidad. Algunas personas creen completamente en textos religiosos, como la Biblia. Usar elementos de estos textos es un refuerzo poderoso. Un ejemplo es el Evangelio de Marcos en el Nuevo Testamento: "¿Qué cosas siempre deseas, cuando oras, crees que las recibirás y las recibirás?" Curiosamente, esta declaración subraya las imágenes de realidad y la ley de percepción / creencia ya discutidas. Si cree en el poder de la oración, por ejemplo, esto le da poder a la probabilidad de que la oración sea respondida. La física detrás de esto se explica en el Capítulo 5. En esencia, cuanto más creemos que algo es verdad, más probable es que se vuelva.

El poder de la gratitud

El poder de la gratitud es un hilo conductor de este libro. En términos de la Ley de la Creación, es el elemento más poderoso. Por ejemplo, al hacer afirmaciones, considere lo siguiente: Todos los días mi cuerpo está en perfecta salud. O, todos y cada uno de los días ESTOY AGRADECIDA de que mi cuerpo esté en perfecta salud.

La segunda afirmación es muchas veces más poderosa que la primera, especialmente si agrega la emoción entusiasmada de la gratitud. Con cualquier afirmación, use el tiempo presente ("Estoy ..." en lugar de "Espero ..." o "Deseo ..." o "Lo haré ...") y "Estoy agradecido de que ..." o "Agradecido por ...". Vemos por el trabajo del Dr. Masaru Emoto sobre los cristales de agua y la belleza de los cristales asociados con "Amor y Gratitud" que cuando se combinan, estas palabras son mucho más poderosas que "Amor" o "Gratitud" por sí mismas. A pesar de esto, la "Gratitud" es una de las fuerzas más poderosas del mundo. Cuando aplique la Ley de Creación, sepa que la gratitud es un amplificador poderoso.

Gratitudes una emoción que expresa aprecio por lo que uno tiene, en oposición a un énfasis en lo que uno quiere. Cuando expresas gratitud por lo que tienes, el Universo reacciona y manifiesta más de lo que estás agradecido.

Una vez asistí a un seminario del Dr. John Demartini y me contó la siguiente historia: Demartini tiene un amigo multimillonario que, cuando le preguntó cómo se convirtió en multimillonario, respondió: "Todas las noches corro a través de todos los eventos del día, dando gratitud para todo. Al principio me llevó mucho tiempo, pero ahora me lleva cinco minutos cada noche". En efecto, este multimillonario trabaja durante cinco minutos al día. Las buenas vibraciones que crea su gratitud atraen las experiencias y eventos que lo hacen multimillonario.

> **Lo que sea que pensemos y agradezcamos, lo llevaremos**
>
> **John Demartini**

Entonces, pregúntese: ¿desea trabajar sin cesar durante ocho o más horas, todos los días, para ganarse la vida, o tiene sentido tomarse un poco de tiempo durante el día para hacer una meditación de gratitud?

En el capítulo anterior me refiero a la homeostasis, los niveles naturales de sus emociones y el guión de éxito en su subconsciente. Hay varias formas de mejorar este script, para reprogramarlo. Una de las formas es la gratitud constante. La Ley de Creación argumenta que los pensamientos son energía. La gratitud es un pensamiento energizado con una fuerte emoción amplificadora.

Según Chuck Danes en www.abundance-and-happiness.com "Cuando estás en un sincero estado de gratitud, tu energía (resonancia vibratoria) es de aceptación y armonía. Resuenas y, como resultado, proyectas una frecuencia vibratoria mucho más alta, que es exactamente lo que te atrae de los eventos, condiciones y circunstancias que deseas. En otras palabras, habilitar y permitir que usted mismo haga la transición y permanezca en un estado de gratitud lo pone en una alineación armoniosa mientras,
Al mismo tiempo, esto emite y proyecta una resonancia vibratoria que

atrae energías adicionales del mismo tipo y calidad que la emoción de gratitud proyectada, profundamente sentida ".

Muchos estudios actuales muestran que podemos mental y deliberadamenteFabricar una cultura de gratitud y aprecio. Nuestro bienestar general yfelicidad aumenta al hacerlo.

Anteriormente, me referí a cuán poderosa es la gratitud por la Ley de la Creación: un estado profundo de gratitud es una combinación de bendiciones y euforia, que brinda bendiciones por su estado positivo combinado con una sensación de euforia debido a su estado positivo. En pocas palabras, la gratitud es el método más poderoso para manifestar tus intenciones.

La forma de salir del juicio es pasar a la gratitud.

Neale Donald Walsch

Capítulo 7 - ¿Qué es la conciencia?

Somos ingenieros de conciencia

¿Qué tiene que ver la conciencia con tu habilidad para crear? La respuesta simple es ... ¡todo!

En su raíz, la conciencia es un concepto holístico que describe nuestra experiencia de la vida en la Tierra y nuestro intento de interpretarla en términos de emoción y pensamiento intelectual: quiénes somos, quién soy en relación con quién eres, de dónde venimos, ¿a dónde vamos, qué se supone que debemos hacer aquí en la Tierra y cuál es el propósito de nuestra existencia en la Tierra? Cuando nacemos, no se nos da una guía de "cómo hacerlo"; ¡Somos seres espirituales en un avatar humano, realizando juegos de rol de fantasía en un mundo de mecánica cuántica!

> **Mi vida es una historia de autorrealización del inconsciente.**
>
> **Carl Jung**

La mente es responsable de nuestro nivel de funcionamiento, logros y felicidad. Este capítulo establecerá que cada uno de nosotros tiene varias mentes. La enfermedad, la disfunción y el trastorno del comportamiento se manifiestan en nuestras mentes inferiores, la Mente primitiva y la Mente emocional, no pueden manifestarse en el nivel de la Mente superior, que está vinculada a nuestra conciencia y emociones superiores. Al elevar nuestra conciencia y emociones, podemos vibrar a un nivel más alto y así alcanzar un alto nivel de funcionamiento, éxito, salud y felicidad.

En este capítulo se explora la forma en que nuestros diferentes cerebros son responsables de nuestro diferente funcionamiento conductual. Creo que todos somos ingenieros de conciencia, en cuyo caso la comprensión de la conciencia es una necesidad fundamental.

Este capítulo también explora conceptos como el Poder contra la fuerza de Hawkins y la Escala emocional de Hicks que explican gráficamente los niveles de conciencia. Esto nos permite a todos 'medir' dónde estamos en la escala de la conciencia. Nuestra capacidad de crear está inextricablemente vinculada a nuestro nivel de conciencia. Si sabemos dónde nos encontramos en esta escala, podemos entender mejor nuestras limitaciones y habilidades para crear. Además, explica conceptos tales como el cerebro humano como transmisor y receptor de señales, la conciencia del cerebro izquierdo versus el cerebro derecho, la "interconexión" de todo y "lo que creemos que es verdad lo creamos individualmente".

Cada parte de tu cuerpo tiene su propia conciencia o su propia alma.

Anon / Curanderos de Medicina Indígena

Yo Superior / Ego

CEREBRO	PROPÓSITO	HABILIDAD	ESTADO DE ONDA CEREBRAL
Cerebro Superior (Neocorteza)	Conciencia	Pensamiento Lógico Pensamiento Abstracto	Alfa
Cerebro de Mamífero (Sistema Límbico)	Emociones	Comportamiento De Memoria a Largo Plazo	Beta
Del Cerebro de Reptil (Amígdala)	Autoconservación	Reflejos Necesidades Básicas (Hambre, Sexo)	Gama

Conciencia ↑

El cerebro superior permite un mayor nivel de acciones, en oposición a las necesidades de nivel base. La atención plena y la meditación son dos formas en que podemos mover el enfoque a una mente superior y alejarnos de los comportamientos reactivos primitivos.

Cuando considere las tres áreas del cerebro, tenga en cuenta que el cerebro superior está vinculado a la conciencia superior:

❖ el cerebro reptiliano, centro de comando para reflejos e instintos

❖ el cerebro de los mamíferos, centro de mando de las emociones.

❖ el cerebro superior (neocorteza), centro de comando para el pensamiento lógico y abstracto

Partes del cerebro reptiliano vibran a un nivel bajo, como funciones autónomas como la respiración y la digestión que tienen lugar mientras dormimos profundamente. Pero las emociones de los reptiles son todos estados de onda Beta a Gamma: ira, lucha y huida, lujuria, miedo, terror, agresión, estrés, ansiedad, etc.

Muchas personas brillantes han declarado que el asunto que vemos a nuestro alrededor fue creado por nosotros, a través de nuestra conciencia:

❖ Erwin Schrodinger: "La conciencia no puede explicarse en términos físicos. Porque la conciencia es absolutamente fundamental. No se puede explicar en términos de otra cosa".

❖ Nikola Tesla: "El día que la ciencia comienza a estudiar fenómenos no físicos; progresará más en una década que en todos los siglos anteriores de su existencia ".

❖ Max Planck: "Considero que la conciencia es fundamental. Considero la materia como derivada de la conciencia. No podemos estar detrás de la conciencia. Todo lo que hablamos, todo lo que consideramos como existente, postula la conciencia".

❖ Eugene Wigner: "[No] es posible formular las leyes de la mecánica cuántica de una manera totalmente consistente sin referencia a la conciencia".

Esto significa que el individuo, usted y el colectivo de nosotros, todos crean el mundo que nos rodea. Esto es inmensamente poderoso: si ha creado un entorno que desea cambiar, de acuerdo con las reglas de la conciencia, tiene el poder de cambiarlo.

Toda conciencia parece ser enteogénica, manifestando al dios interno. Ya sea que creas que hay un Dios supremo cuyas reglas tenemos que seguir para convertirnos en ese Dios, o si crees en la física cuántica al sugerir que hemos creado nuestro mundo y entorno completos, y por lo tanto somos "Dios", el propósito de la conciencia parece ser volverse más "como Dios".

A través de las leyes de la entropía, sabemos que el mundo macroscópico es un caos absoluto. Nos reunimos y ponemos orden a través de nuestro acto de observación. Nuestra observación produce la realidad que vemos.

Su mente consciente vibra a cierto nivel y, por lo tanto, transmite y recibe mensajes y eventos a este nivel. Su mente subconsciente vibra a cierto nivel y, por lo tanto, transmite y recibe mensajes y eventos a este nivel (notablemente a un nivel superior). Debido a que las dos mentes están en diferentes frecuencias (el subconsciente en una vibración más alta) no pueden transmitir y recibir el uno al otro. Cuando estás en tu mente consciente, no puedes acceder a tu proceso subconsciente (por ejemplo, intenta apagar todas las células de tu mano derecha). Cuando estás en tu mente subconsciente, no puedes acceder a tu proceso consciente (mientras duermes, por ejemplo).

La meditación, a modo de ejemplo, tranquiliza la mente consciente y permite la transferencia cognitiva al subconsciente. Durante el período de meditación, te reconectas con tu fuente, recibes programación de ella y te sientes generalmente más feliz. Esta es la razón por la cual la meditación es efectiva: reduces temporalmente la mente consciente obstructiva y de baja vibración (también conocido como el ego).

La conciencia no es una cosa de una sola persona, a pesar de que la experimentamos desde una perspectiva de una sola persona. La conciencia lo abarca todo. La evidencia de la conciencia grupal está presente en todas partes. El efecto Maharishi es un ejemplo: "En 1974, en once ciudades de los EE. UU., Cuando el número de personas que participaban en el Programa de Meditación Trascendental (TMP) alcanzó el uno por ciento de la población de la ciudad, se observó que la tendencia al aumento de la tasa de criminalidad era invertido, lo que indica un orden y armonía crecientes en la vida de toda la ciudad. Los investigadores científicos llamaron a este fenómeno, de creciente coherencia en la conciencia colectiva de toda la sociedad a través de la práctica de TMP, el efecto Maharishi (Maharishi Mahesh Yogi, predijo este efecto ya en 1960). La investigación que involucró a varios cientos de ciudades posteriormente reprodujo este hallazgo original "

Fuente:http://maharishi-programmes.globalgoodnews.com/maharishi-effect/research.html

Supuestamente, los individuos experimentan y animan el campo de la Conciencia Trascendental: la experiencia del Campo Unificado de la Ley Natural. Cuando un número suficiente de individuos aviva este campo, entonces, a través de un "efecto de campo" de conciencia (el efecto Maharishi), se irradia una influencia de orden y armonía desde el nivel del campo unificado de la ley natural a toda la población.

El budismo reconoce ocho tipos de conciencia. Los primeros cinco son los del ojo, el oído, el cuerpo, la nariz y la lengua, nuestros sentidos humanos. El sexto es la mente conceptualizadora, nuestra mente consciente. El séptimo, llamado manas, es el subconsciente. El octavo, llamado alaya, es el superconsciente.

En nuestra perspectiva mundial actual, la conciencia es el acto de auto-observación. Donde nos observamos y hacemos ajustes positivos, nuestra conciencia "crece". Cuando no tomamos medidas, nuestra conciencia retrocede o permanece igual (inercia).

Mi definición de conciencia es esta: los humanos son animales simples que responden a señales químicas. Estas señales químicas nos hacen reaccionar sin el debido pensamiento. Cuando reconocemos esto y comenzamos a discernir las señales, esto nos permite actuar, pensar y proceder de una manera más poderosa; ya no somos esclavos de los impulsos químicos, ahora podemos aplicar el pensamiento sensible que conduce a resultados mejor definidos. La práctica continua de esta autorreflexión conduce finalmente a descubrimientos internos acerca de quiénes somos, de dónde venimos y hacia dónde vamos. Personalmente, creo que este podría ser el camino hacia la ascendencia, donde podemos separarnos de las restricciones mundanas de baja vibración de la Tierra en la que vivimos.

> **Entre estímulo y respuesta hay espacio. En ese espacio está nuestro poder para elegir nuestra respuesta. En nuestra respuesta yace nuestro crecimiento y nuestra libertad.**
> **Atribuido a Viktor Frankl**

"Unidad" y emociones

En 1966, Cleve Backster, un especialista en interrogatorios de la CIA, realizó un famoso experimento. Backster había estudiado plantas de principios de los años sesenta. En febrero de 1966 estaba experimentando con una planta, cuando se encontró con un hallazgo único.

Backster había conectado un Planta de caña dracaenaa un polígrafo, para medir el tiempo que tarda el agua de la raíz en llegar a las hojas, y las lecturas notadas en el polígrafo respondieron a sus pensamientos sobre la hoja. Por ejemplo, cuando pensó en quemar la hoja, el polígrafo se volvió loco. ¡La planta registró una respuesta de estrés a sus pensamientos maliciosos! Luego realizó más experimentos, probando la respuesta de la planta a varios escenarios emocionales. Dedujo que las plantas perciben las intenciones humanas y que los pensamientos y las emociones humanas provocan en ellas reacciones que se pueden medir con un instrumento poligráfico. Se aseguró de que las plantas reaccionan a los pensamientos humanos y publicó sus hallazgos en un libro llamado "Percepción primaria". Basado en experimentos posteriores, luego afirmó que la "percepción primaria" podría medirse en todos los seres vivos.

Estos experimentos fueron quizás los primeros de su tipo en demostrar la "interconexión" entre todo. El budismo, la mayoría de las religiones orientales y muchas modalidades espirituales abarcan el concepto de unidad. Como humanos, tendemos solo a creer lo que podemos ver. Como no podemos ver esta "unidad", negamos su existencia. Pero la ciencia moderna está proporcionando una prueba irrefutable de ello.

La ley de la Creación

En la física cuántica, las partículas entrelazadas, incluso cuando están separadas por grandes distancias, permanecen conectadas de modo que las acciones realizadas en una partícula tienen un efecto inmediato y automático en la otra. Este es el fenómeno que Einstein llamó "Acción fantasmal a distancia". Hay muchas reglas "extrañas" en la física cuántica, pero la principal es que "un fotón no observado existe en todos los estados posibles simultáneamente, pero cuando se observa o se mide, exhibe sólo un estado". El experimento típico divide los fotones en "pares entrelazados". Si un fotón gira en sentido horario, el otro girará en sentido antihorario. Cualquiera que sea la acción que se realice sobre un fotón, el otro fotón lo imita, pero al revés. Esto no solo muestra interconectividad, sino que también demuestra el concepto de equilibrio: para cada acción hay una reacción igual y opuesta. Incluso la materia tiene antimateria: en el nivel más bajo de energía hay equilibrio y dualidad. Tenga en cuenta que estos fotones podrían estar separados por grandes distancias y seguir comportándose de la misma manera. También enfatiza la dualidad de nuestro universo.

La ciencia actual no tiene explicación, ni reglas, que puedan gobernar estos fenómenos. Pero la ciencia moderna siempre ha tenido problemas para explicar incógnitas clave. La gravedad y el magnetismo son dos fenómenos más inexplicables que desafían la física newtoniana. El límite del Universo se calcula actualmente en 42 mil millones de años luz, pero supuestamente el Universo tiene solo 14 mil millones de años. ¿Cómo se ha expandido el Universo más rápido que la velocidad de la luz? La ciencia actual siempre es solo nuestra mejor suposición, dado lo que percibimos y nuestro alcance increíblemente limitado de comprensión. Prácticamente todo lo que creemos que es verdad ... no lo es. Para mí, esto significa que podemos reinventarnos totalmente a nosotros mismos y a nuestros universos personales.

En lugar de ser sus pensamientos y emociones, sea la conciencia detrás de ellos.
Eckhart Tolle

Niveles de conciencia

Hay muchas definiciones y variaciones de conciencia. La filosofía oriental tiene Advaita Vedanta, Om Mantra, Veda, Zen, Budismo y Ananda Sangha. Las versiones occidentales se basan más en la psicología del hombre: modelos freudianos, los tres niveles de conciencia de Holder, los siete niveles de conciencia personal de Barrett, los cuatro estados de conciencia de Gibson, etc. En lo que todos están de acuerdo es en una migración sistemática de emociones físicas de baja vibración. y comportamiento ante emociones de alta vibración, despertar espiritual y ascendencia.

Nuestras emociones y nuestro comportamiento son las señales que enviamos que indican qué nivel de conciencia estamos experimentando actualmente. El nivel de vibración de ese nivel de conciencia atrae pensamientos y acciones sinónimo de su resonancia energética. Entonces, tenemos una medida obvia de dónde nos encontramos cada uno en esta escalera hacia la conciencia: simplemente tenemos que monitorear y evaluar nuestras emociones.

> **En su esencia última, la energía puede ser incomprensible para nosotros, excepto como una exhibición de la operación directa de lo que llamamos Mente o Voluntad.**
> **Señor Ambrose Fleming**

Poder contra fuerza

Poder vs. Fuerza Es un libro interesante escrito por David Hawkins. A través de la kinesiología, evaluó a miles de personas y midió el nivel de energía de las emociones, luego las midió en una escala de menor a mayor:

Vergüenza: (vibra en el nivel 20)
La vergüenza es obviamente una emoción negativa e incorpora tanto el

miedo (de lo conocido / desconocido) como el autodesprecio (temporal o permanente). Es destructivo para la salud emocional y psicológica y nos hace propensos a las enfermedades físicas.

Culpa: (30)

La culpa se manifiesta en una variedad de expresiones, como el remordimiento, la auto-recriminación, el masoquismo y la victimización. La culpa inconsciente resulta en enfermedad psicosomática, propensión a accidentes y comportamiento suicida.

Apatía: (50)

Este nivel se caracteriza por la depresión, la pobreza, la desesperación y la desesperanza. La apatía es un estado de impotencia donde los afectados carecen de los recursos y la energía para comenzar un proceso de recuperación.

Dolor: (75)

Este es el nivel de tristeza, pérdida y dependencia. Aquellos en este nivel viven una vida de constante arrepentimiento y depresión. Este es el nivel de duelo, duelo y remordimiento sobre el pasado. La creación es más fácil de manifestar en las emociones superiores. Una persona deprimida no puede manifestarse: la depresión es de baja frecuencia y atrae la manifestación de baja frecuencia.

Miedo: (100)

El miedo lo consume todo y puede tomar cualquier forma. El miedo limita el crecimiento de la personalidad y conduce a la inhibición. Se requiere energía positiva para salir de este nivel, y a menudo la persona no puede hacer este cambio por sí misma.

Deseo: (125)

El deseo es una necesidad de satisfacer las adicciones neuroquímicas. Donde cumplimos el deseo, estamos temporalmente satisfechos. Donde no se cumple el deseo, nos quedamos ansiosos, enojados o abatidos. La necesidad de cambiar esto a menudo conduce a acciones impulsivas e irresponsables. Esto puede conducir hacia abajo si conduce al miedo (de consecuencia) o la culpa. Pero puede conducir hacia arriba si la ira es el resultado.

Enfado: (150)

Cuando experimentamos ira, nuestro cerebro primitivo controla nuestros pensamientos, emociones y enojo. Nuestro cerebro primitivo es de baja vibración y no es una forma elevada de conciencia. La ira puede provocar violencia, odio, arrepentimiento y emociones reprimidas. También puede ser un cambio en el estado emocional de uno, si antes tenían miedo. El truco es no quedarse atrapado en un estado de ira.

Orgullo: (175)

Aunque es un nivel "bajo" porque vibra a menos de 200, el orgullo es un nivel positivo para alguien en niveles más bajos. El orgullo es propiedad del ego, y en términos de conciencia, el ego es solo un poco más alto que nuestras mentes primitivas. En el orgullo, abundan las emociones reactivas como la arrogancia, la arrogancia, la separación, los valores falsos y los sentimientos de superioridad. El ego a menudo siente ser atacado, y esto lleva a emociones primitivas.

Valor: (200)

El nivel 200 es significativo porque este es el nivel donde 'Fuerza' se reemplaza por 'Poder'. El coraje nos lleva a un viaje de crecimiento donde experimentamos ingenio, logros, fortaleza y determinación. Como David Hawkins escribe en su libro Power vs Force: "En los niveles más bajos, el mundo es visto como desesperado, triste, aterrador o frustrante, pero a nivel de Courage, la vida es emocionante, desafiante y estimulante. En este nivel de empoderamiento, uno puede hacer frente y manejar de manera efectiva las oportunidades de la vida. Por lo tanto, el crecimiento y la educación se convierten en objetivos alcanzables. Los obstáculos que derrotan a las personas cuya conciencia está por debajo de 200, actúan como estimulantes para aquellos que han evolucionado hacia el primer nivel de verdadero poder. Las personas de este nivel devuelven al mundo tanta energía como necesitan; en los niveles inferiores,

Neutralidad: (250)

La energía se vuelve más positiva a este nivel. Por debajo de 250, vemos la dualidad del mundo: arriba / abajo, negro / blanco, nosotros contra ellos. Esto lleva al juicio y la separación. La neutralidad nos inicia en el camino del comportamiento sin prejuicios, menos rigidez en nuestro comportamiento y menos apego a los resultados esperados. Hay una sensación de seguridad en este nivel, porque ya no nos sentimos atacados cuando no nos salimos con la nuestra, ya no buscamos controlar a los demás y no sentimos frustración cuando nuestros deseos no se cumplen. Las personas en este nivel buscan evitar conflictos y ven la inutilidad de los diversos conflictos en todo el mundo.

Disponibilidad: (310)
Las personas en este nivel son de mente abierta y optimistas, muestran experiencia y brillantez en su ocupación o esfuerzo, muestran un alto grado de inventiva o intuición y logran el éxito social y económico. No temen sus problemas internos y se reflejan a sí mismos para resolver el problema (por ejemplo, analizan su enojo y ven que es una emoción negativa y lo eliminan de su comportamiento). Aceptan el equilibrio en la vida y ven la adversidad, la persecución, el daño, la miseria y la opresión como la necesaria acción de equilibrio de la buena fortuna que experimentan.

Aceptación: (350)
Como ya se discutió, nosotros Creamos individualmente nuestra existencia y todas nuestras experiencias. En el nivel de aceptación, esta comprensión comienza a amanecer y desencadena una intensa auto-búsqueda de la Verdad, el origen y el destino de su alma. Las personas en este nivel ya no ven las cosas como externas y se dan cuenta de que la capacidad de amor y alegría está dentro de sí mismas, que solo ellas son responsables de la creación de su dicha. Como escribió David Hawkins: "El individuo en este nivel no está interesado en determinar si está bien o mal, sino que se dedica a resolver problemas y descubrir qué hacer con ellos. Las metas a largo plazo tienen prioridad sobre las a corto plazo; la autodisciplina y el dominio son prominentes ".

Razón: (400)
Nuestras emociones son generadas y experimentadas por los niveles inferiores de nuestra conciencia. En el nivel de la razón, superamos nuestras emociones básicas y desarrollamos una comprensión de la

conceptualización y la comprensión. Ya no nos controlan los deseos como la lujuria y la codicia, sino que buscamos conocimiento y educación para realizar actos de caridad y altruismo. Las personas en este nivel muestran una conciencia social y un comportamiento magnánimo. Si bien estas personas entienden la razón y la verdad, solo algunos dominan que la razón no necesariamente conduce a la Verdad.

Amor: (500)
En el próximo capítulo discuto los cuatro niveles de amor: storge, philia, eros y agape. Las tres primeras son todas formas humanas de amor, amor de baja conciencia derivado del cumplimiento de nuestra adicción a los neuroquímicos dopamina, serotonina y oxitocina; el cuarto, ágape, es amor espiritual. Como David Hawkins escribe: "El nivel 500 se caracteriza por el desarrollo de un Amor que es incondicional, inmutable y permanente. No fluctúa: su fuente no depende de factores externos. Amar es un estado de ser. Es una forma indulgente, enriquecedora y solidaria de relacionarse con el mundo. El amor no es intelectual y no procede de la mente; El amor emana del corazón. El amor se centra en la bondad de la vida en todas sus expresiones y aumenta lo positivo. Este es el nivel de la verdadera felicidad ".

Alegría: (540)
Las personas en este nivel solo experimentan un amor incondicional que induce un sentimiento permanente de alegría. Cada momento es felicidad. Muestran una creencia y paciencia inquebrantables a pesar de las pruebas y tribulaciones masivas. Son consumidos por la compasión por el mundo y todo lo que hay en él. Ven el mundo como un lugar de paz, belleza y felicidad (porque se manifiestan desde adentro). Son capaces de manifestar eventos de alto nivel e incluso milagros.

Paz: (600)
La trascendencia, la autorrealización y la conciencia de Dios son las principales experiencias en este nivel. Según David Hawkins: "A veces se informa que la percepción en el nivel 600 y superior ocurre en cámara lenta, suspendida en el tiempo y el espacio; nada es estacionario y todo está vivo y radiante. Aunque este mundo es el mismo que el visto por otros, se ha convertido en un flujo continuo, evolucionando en una danza

evolutiva exquisitamente coordinada en la que el significado y la fuente son abrumadores. Esta asombrosa revelación tiene lugar de manera no racional, por lo que hay un silencio infinito en la mente, que ha dejado de conceptualizar. Lo que es testigo y lo que es testigo adquiere la misma identidad; el observador se disuelve en el paisaje y se convierte, igualmente, en lo observado ".

Iluminación: (700–1,000)
Una persona en este nivel no experimentaría la personalidad individual, ni el cuerpo físico. Son poderosos manifestantes e influyentes. Vibran a un nivel tan alto que perciben el espectro electromagnético completo y son conscientes de la creación basada en la energía. Se identifican completamente con lo Divino, hasta el punto de que son Uno con lo Divino. Este es el nivel de los maestros ascendidos.

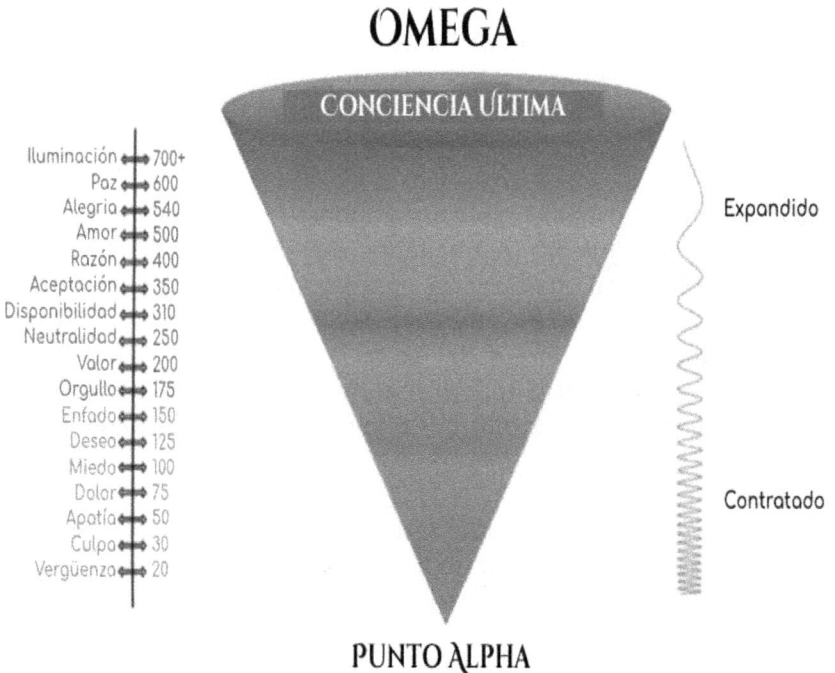

OMEGA

CONCIENCIA ÚLTIMA

Iluminación	700+
Paz	600
Alegría	540
Amor	500
Razón	400
Aceptación	350
Disponibilidad	310
Neutralidad	250
Valor	200
Orgullo	175
Enfado	150
Deseo	125
Miedo	100
Dolor	75
Apatía	50
Culpa	30
Vergüenza	20

Expandido

Contratado

PUNTO ALPHA

Como se muestra en este diagrama, los niveles más bajos de emoción equivalen a niveles más bajos de conciencia. Niveles más altos de emoción equivalen a niveles más altos de conciencia. Los números asignados (por ejemplo, 600 para la paz) son logarítmicos, y no un aumento lineal de la emoción previa. La medición se obtuvo mediante pruebas kinesiológicas. Las calibraciones no son una progresión aritmética, sino una progresión logarítmica, de modo que 300 no es el doble del nivel de 150, es 300 a la décima potencia (30010). Un aumento de solo unos pocos puntos representa un avance importante en el poder.

En esencia, comprender que nuestro estado emocional está conectado a nuestro nivel de conciencia ofrece una herramienta para aumentar su capacidad de crear.

La escala de orientación emocional

Usar sus emociones es una forma de identificar en qué parte de la espiral emocional se encuentra y determinar estrategias para iniciar un movimiento ascendente. El sistema de orientación emocional fue desarrollado por Abraham Hicks y es una buena representación gráfica.

Esta escala se utiliza como parte del "Sistema de orientación emocional" y "22 Procesos" como se describe en el libro Pregunte y se le da, Aprendiendo a manifestar sus deseos por Esther y Jerry Hicks. Hacen hincapié en dos aspectos principales: en primer lugar, dar pequeños pasos hasta que intente subir de nivel, sumergirse en el nivel en el que se encuentra, sentir la experiencia completa, antes de volver a subir; En segundo lugar, asegúrese de haber tratado completamente las emociones en el nivel anterior.

Tome el ejemplo de una persona que recientemente perdió a su pareja por la muerte. Están en la fase de pena / depresión. Si se elevaran a un nivel de Optimismo demasiado pronto, habría muchas emociones que necesitarían superar, que se "omitirían". No pueden curarse hasta que estas emociones hayan sido experimentadas y descartadas.

Espiral Ascendente

Espiral Descendente

8. Aburrimiento

9. Pesimismo

1. Alegría, Conocimiento, Empoderamiento
Libertad, Amor, Aprecio

10. Frustración, Impaciencia

11. Abrumado

12. Decepción

13. Duda

2. Pasión

14. Preocupación

15. Culpa

3. Entusiasmo

16. Desánimo

17. Ira

4. Expectativa Positiva, Creencia

18. Venganza

19. Odio, Rabia

5. Optimismo

20. Celos

21. Inseguridad/ Culpa /
Falta / De Valor

6. Esperanza

22. Miedo / Duelo
Depresión/ Víctima

7. Contentamiento

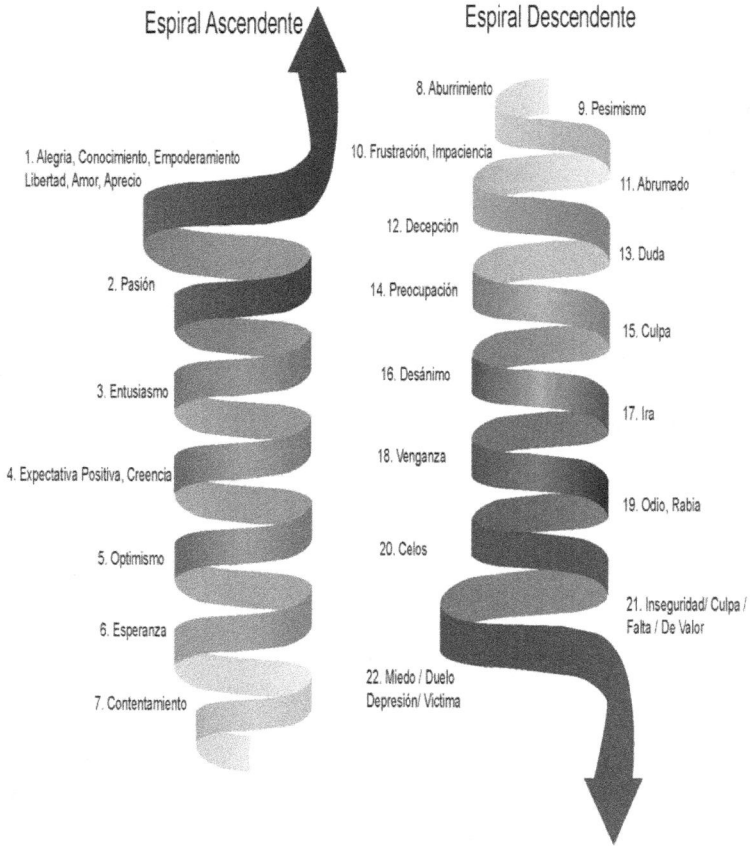

La conciencia crece con la edad.
Confucio

Solipsismo

Solipsismo es una teoría filosófica que afirma que no existe nada más que la conciencia del individuo. Esto tiene cierta validez, ya que es imposible verificar nada más que nuestra propia conciencia.

Cerebro izquierdo versus conciencia cerebral derecha

Sorprendentemente, si tenemos el cerebro izquierdo o derecho afecta cómo experimentamos la conciencia. Una persona dominante del cerebro izquierdo (generalmente) cree que es una entidad separada, un individuo no conectado a ningún poder superior. Una persona dominante en el cerebro derecho (en general) cree en un sentido de unidad con un poder superior, ya sea religiosa, espiritual o metafísica. Estas creencias opuestas podrían explicar la continua guerra de puntos de vista entre la ciencia, la religión y los espiritistas.
Aprendiendo a pausar

Nuestro sistema simpático tiene un tiempo de respuesta más rápido que nuestro sistema parasimpático. Esto es por una buena razón: la supervivencia. Imagínese, en nuestros días de hombre de las cavernas, enfrentarse cara a cara con una amenaza, digamos un tigre dientes de sable, nuestro sistema simpático desencadena nuestra respuesta de lucha o huida que inunda el cuerpo con adrenalina.

La desventaja de este fenómeno es que nuestras reacciones son más rápidas que nuestro razonamiento. ¿Alguna vez ha hablado o actuado instantáneamente en represalia por una persona que lo hizo enojar y luego, inmediatamente o más tarde, se arrepintió de su acción? Su reacción fue una reacción exagerada y, después de haber tenido tiempo de pensarlo y escuchar su razonamiento, se dio cuenta de que la amenaza era insignificante y / o su sistema simpático la agrandó y la sopló fuera de proporción. Esto lo vemos con perros en cualquier hogar: suena el timbre y los sabuesos del infierno sueltan una horrible cacofonía de demonios ladrando.

Parte de nuestro crecimiento espiritual en nuestro experimento humano es aprender a pausar: aprender a no reaccionar de inmediato; aprender a considerar algo antes de responder. Esta habilidad zen es un gran paso en nuestro camino hacia la conciencia.

Capítulo 8 - El Consciente, Subconsciente e Inconsciente

Las tres (o cuatro) mentes

La función de la mente consciente es asimilar e interpretar la información de los cinco sentidos humanos. Luego envía estas interpretaciones a la mente subconsciente para su procesamiento. La mente subconsciente maneja estas entradas controlando lo que le hacen al cuerpo o qué acción toma la persona. En promedio, el subconsciente determina nuestra reacción un tercio de segundo antes de que nuestra mente o cuerpo conscientes reaccionen. Esto difiere entre las personas, por ejemplo, el tiempo de reacción para un atleta con reacciones "buenas" (reflejos) es más rápido que la mayoría.

Obviamente no hay distinción física entre consciente, subconsciente e inconsciente. Si lo hay, no se ha probado ni aceptado. Para nuestros propósitos, los aceptamos como mentes virtuales. Pero se está investigando en este campo y, a medida que la ciencia humana progresa, los hechos importantes con respecto a estas tres entidades podrían ser descubiertos.

La mente conscientees lo que estás usando ahora para leer estas palabras. Es su conciencia de quién es, dónde está, si tiene calor o frío, tiene hambre o no, etc. Es su capacidad de utilizar la lógica, tomar decisiones y analizar un rompecabezas, o realizar cualquier contracción muscular voluntaria. .

La mente subconsciente es como el disco duro de su computadora, un área de almacenamiento de recuerdos, experiencias, sentimientos, emociones, etc. Pero también contiene sus "aplicaciones": sus creencias, moral, valores, motivadores y desmotivadores. Tu mente subconsciente nunca duerme. Durante el sueño, sus pulmones, corazón, circulación, sistema digestivo y otros órganos continúan funcionando.

La mente inconscientees tu mente primitiva, que contiene tus programas más básicos que te permiten funcionar y sobrevivir. Estos incluyen la respiración, los latidos del corazón, la digestión y el metabolismo celular.

No podemos acceder a la mente inconsciente, y este es probablemente un mecanismo de supervivencia: no puede dejar de respirar voluntariamente durante largos períodos o detener los latidos del corazón. En términos de nuestra analogía informática, este es su sistema operativo básico.

Diferentes estados de ondas cerebrales están asociados con las diferentes mentes. El reciente descubrimiento de las longitudes de onda cerebral Epsilon (<0.5 Hz) y Lambda (> 100 Hz) sienta las bases de la mente superconsciente.

Históricamente, se hizo una afirmación dudosa de que solo usamos el 10% de nuestros cerebros. El famoso orador Bruce Lipton (7 maneras de reprogramar su mente subconsciente) tiene otra teoría con respecto al 90/10: afirma que el 10% de nuestro cerebro está formado por neuronas y el 90% por glía. Juntos constituyen el 100% de nuestro cerebro. Según él, tenemos acceso al 100% de nuestro cerebro, pero solo tendemos a reutilizar las porciones en las que hemos desarrollado vías "neuronales". Los científicos que analizan el cerebro de Einstein encontraron una mayor proporción de células gliales a neuronas, en comparación con un "cerebro normal".

Llegaron a la conclusión de que la mayor cantidad de células gliales por neurona indica que las neuronas tenían una mayor necesidad metabólica: necesitaban y usaban más energía, lo que hace que Einstein tenga mejores habilidades de pensamiento y habilidades conceptuales.

> **La mente inconsciente opera a 40 millones de bits de datos por segundo, mientras que la mente consciente procesa a solo 40 bits por segundo.**
>
> **Bruce Lipton**

Mente Consciente
Solo puede procesar de 5 a 7 piezas de información a la vez

Analítico

Razón fundamental

Ondas cerebrales beta y gamma

>13 Hz

Razonamiento

La psicoterapia usa esta área

Intelectual

Mente Subconsciente
Este es el "dico duro" de tu mente. Sus "programas" están conectados al disco duro y consisten en sus habitos, asi como en sus rasgos de comportamiento. Por tanto, es verdaderamente la programación la que impulsa el comportamiento

Extremadamente más poderoso que la mente consciente

Emociones y sentimientos

Ondas cerebrales alfa y theta

4.5 Hz – 13 Hz

Anulación consciente

Aqui vive la memoria permanente. Uno puede practicar e influir intencionalmente en el consciente mediante el entrenamiento subconsciente

Mente Inconsciente
Esta área de la mente carece de conciencia y control. El Sistema Nervioso Autonómico (SNA) regula las principales funciones automáticas del cuerpo como: la respiración, los latidos del corazón, la digestión y el sistema inmunológico

Ondas cerebrales Delta, Epsilon y Lambda, 4.5 Hz

Si busca fuerza de voluntad, la encontrará en la Mente Consciente. A menudo se vence fácilmente por emociones elevadas. Curiosamente, usamos esto como un intento de controlar nuestros comportamientos.

Factor crítico: sirve como interfaz entre las mentes consciente y subconsciente.

¿Cuáles son las diferencias entre las mentes?

Esta pregunta ha generado mucho debate, y no hay un argumento claro para ganar. Me gusta pensar en las diferentes mentes en términos de longitud de onda o frecuencia vibratoria en las que están operando:

Mente	Longitud de onda	Hertz
Mente consciente	Alfa medio a beta	[10 Hz a 30 Hz]
Mente subconsciente	Alfa alto a Delta	[13 Hz a 4 Hz]
Mente inconsciente	Delta	[4 Hz a 0,5 Hz]
Mente superconsciente	Epsilon y Lambda	[<0.5 Hz y> 100 Hz]

Para el propósito de este libro, y para no entrar en los diversos argumentos de subconsciente versus inconsciente versus superconsciente, a partir de este momento me refiero a ellos conjuntamente como el subconsciente.

La Cabalá habla sobre "Jojmá" (subconsciencia expansiva) y "Biná" (la mente consciente). La Cabalá también habla del hecho de que la creatividad se encuentra en el cerebro derecho y el pensamiento analítico en el izquierdo. Freud y Jung estaban familiarizados con estas obras cabalísticas y esto es evidente en algunas de sus enseñanzas.

Las mentes conscientes y subconscientes tienen control sobre áreas específicas de nuestro funcionamiento:

Mente consciente	Mente subconsciente
Responsable de lógica y razonamiento.	Corre el cuerpo (función autónoma)
Responsable de cálculos matemáticos	Almacena y organiza todos los recuerdos.
Responsable del análisis	Gobierna las emociones
Responsable de la toma de decisiones.	Funciona según el principio de menor esfuerzo.
Responsable de pensar	Elige el camino de menor resistencia
Sede del intelecto	Reprime recuerdos con una emoción no resuelta
Responsable de los detalles	Presenta recuerdos reprimidos para su resolución.
Responsable de organización y planificación.	Controla y mantiene todas las percepciones.
Busca resultados para satisfacer los deseos.	Busca volver a la homeostasis
Comunicación vía lenguaje	Mantiene el instinto y el hábito.
Conciencia de uno mismo	La autoconservación es su más alto ideal
Conciencia del pensamiento	Responde a los símbolos
Conciencia de las condiciones ambientales.	Percepción es realidad
Intérprete del deseo subconsciente	No procesa negativos

Interpreta señales fisiológicas (p. Ej., Dolor)	Controla procesos autonómicos
Se comunica a través del pensamiento y el lenguaje.	Se comunica a través de la emoción y los símbolos.
Proceso de aprendizaje lento	Hace asociaciones y aprende rápidamente
Acción muscular voluntaria	Acción muscular involuntaria
Duerme	Siempre está despierto
Gobierna los cinco sentidos.	Gobierna el sexto sentido / intuición

La mente consciente es capaz de aprender literal o inferencialmente, dependiendo de si tienes el cerebro izquierdo o derecho. La mente subconsciente solo puede aprender literalmente.

El principio del dolor y el placer

Todo comportamiento humano está motivado por dos cosas: buscar placer y evitar el dolor.

Freud identificó la relación instintiva entre dolor y placer. Buscamos placer y evitamos el dolor para satisfacer las necesidades biológicas y psicológicas. En la infancia y la primera infancia, nuestro comportamiento se rige obedeciendo solo al principio del placer. A esa edad buscamos gratificación inmediata, con el objetivo de satisfacer los antojos como el hambre y la sed, y en edades posteriores el ego busca actividades que llenen de placer como el sexo y la adquisición.

> **El secreto del éxito es aprender a usar el dolor y el placer en lugar de que el dolor y el placer lo usen a usted. Si haces eso, tienes el control de tu vida. Si no lo haces, la vida te controla.**
> **Tony Robbins**

El principio de realidad describe la capacidad de aplazar la gratificación. Este es un salto de conciencia, donde negamos la insistencia del cerebro reptiliano y tomamos una decisión consciente para evitar la búsqueda de placer. Esto podría ser una demora temporal (gratificación retrasada) o una demora permanente (gratificación denegada).

La razón de la negación es lo más importante. Si es con el propósito de superación personal o crecimiento espiritual, entonces esto es positivo. Lo llamamos autocontrol, y es un signo de madurez y estabilidad. Sin embargo, si la negación es auto castigo, entonces esto es negativo. El auto castigo viene en dos formas:

- No soy digno. No merezco placer
- Debo ser castigado: una abnegación masoquista para causar dolor en lugar de placer

Existe una creencia que insiste en que la mente subconsciente "sabe" qué es lo mejor para usted y utiliza el principio del dolor y el placer para guiarlo hacia y lejos de las experiencias. Este es un proceso complejo cuando considera que el consumo de drogas, por ejemplo, comienza como un placer y se convierte en un gran dolor cuando conduce al abuso de drogas.

La relación entre dolor y placer podría considerarse un sistema basado en el castigo de recompensa. El placer percibido está asociado con la recompensa; dolor percibido con castigo. Desde el punto de vista de la evolución, esto es altamente funcional, ya que las acciones que conducen a la liberación de placer de productos químicos que ayudan a restablecer nuestro sistema parasimpático y la homeostasis, por ejemplo, comemos alimentos porque libera sensaciones de placer, y la comida es fundamental para nuestra supervivencia. El proceso también es válido para el dolor: el dolor nos enseña a evitar eventos y situaciones específicas; Esto nos lleva a desarrollar una estrategia de defensa y supervivencia.

> **La naturaleza ha colocado a la humanidad bajo el gobierno de dos maestros soberanos, el dolor y el placer.**
> **Jeremy Bentham**

Impulsores Químicos - "DOSE"

Veamos cómo funciona el cerebro para que entiendas cómo puedes lograr el cambio. Si fuera a quitar la conciencia, entonces un ser humano es un simple animal impulsado por los impulsos reptilianos. En nuestro nivel base, estamos motivados para realizar acciones mediante una liberación interna de químicos corporales, hormonas y neurotransmisores en la mente y en el cuerpo.

Productos químicos "positivos"	Enlace mental
Dopamina	Es un sentimiento de éxito
Oxitocina	Es un sentimiento de confianza
Serotonina	Es un sentimiento de autoestima
Endorfinas	Es un sentimiento de euforia

¿Alguna vez escuchó el acrónimo "DOSE"? Es sinónimo de dopamina, oxitocina, serotonina y endorfinas. En nuestro nivel más bajo, nuestro cuerpo está compuesto de elementos químicos con algo de electricidad. En un nivel un poco más arriba, somos simplemente animales reptiles, cuyo comportamiento es impulsado por la adicción a estos cuatro químicos, y otros como la acetilcolina y el GABA. Estamos compuestos de productos químicos y estamos programados para buscar y cumplir con un "arreglo" químico.

Asociamos y deseamos la liberación de químicos adicionales (como la acetilcolina), pero los cuatro anteriores son los principales. Incluso el "amor" humano es solo una liberación de químicos en su nivel base. Tomemos como ejemplo la oxitocina: esta sustancia química de "confianza" se libera en varias situaciones: amamantar (madre / hijo), sexo (ambas parejas), jugar con una mascota (mascota / dueño), abrazos (ambos abrazos), besos (ambos besadores) y el toque íntimo (tocador / tocado). Los griegos reconocieron cinqo tipos diferentes de amor y cada uno induce niveles variables de liberación de neuroquímicos:

- *Storge* es el afecto natural que los padres sienten por sus hijos, el amor familiar
- *Eros* es amor romantico
- *philia* es amor por una "cosa"
- *Philautia* es amor por uno mismo
- *ágape* es amor incondicional

Obviamente, todo es subjetivo, en función de si te gusta o no. Pero es la liberación química la que determina si te gusta o no. En efecto, nos estamos recompensando con productos químicos que hacemos para actividades / acciones que nosotros mismos determinamos el valor / prioridad de! Esto se trata de usted: nada externo ha interferido con este proceso. En resumen, podemos aprender nuevos comportamientos y asignar una liberación química apropiada para reforzar el valor de este nuevo comportamiento.

Los químicos para sentirse bien se perciben como placer, y los químicos para sentirse mal (como el cortisol) se perciben como dolor. Las sustancias químicas como la acetilcolina conducen a la relajación, lo que estimula nuestro centro de recompensa y, por lo tanto, nuestra mente-cuerpo lo percibe como "bueno". Las sustancias químicas como la epinefrina y la noradrenalina estimulan el sistema nervioso simpático, conducen a un estado elevado, como lucha o huida, miedo y ansiedad, y el centro de recompensas las percibe como "malas". La ausencia de productos químicos para sentirse bien no se siente bien, y usted está programado para lograr su liberación. Si encontramos opiniones o hechos que se alinean con los nuestros, se libera dopamina; Si encontramos opiniones o hechos que se oponen a lo que creemos, se libera noradrenalina. A nivel básico, esto no es más que un proceso de enseñanza, donde nuestro comportamiento se convierte en pavloviano. Las lecciones de enseñanza (nuestro "camino") son conducidas por el subconsciente de acuerdo con un conjunto predeterminado de reglas. Buscamos lo "bueno" y evitamos lo "malo".

Generalmente estás en una espiral emocional ascendente o

descendente. Las hormonas afectan el comportamiento, que afecta la liberación de hormonas. Si estamos en una espiral ascendente, se liberan hormonas positivas que crean un comportamiento positivo, lo que crea una liberación positiva de hormonas. Esta espiral ascendente continuará hasta que un evento externo fuerce la liberación de hormonas negativas, lo que crea un comportamiento negativo, que luego crea una liberación negativa de hormonas, una espiral descendente.

Otro concepto a considerar es el equilibrio. Las neurohormonas deben liberarse juntas y en cantidades relativas. Cuando se libera demasiada dopamina con demasiada frecuencia y sin el efecto equilibrador de la liberación simultánea de otras hormonas, nuestro cuerpo se vuelve insensible a la dopamina. Esto significa que desarrollamos tolerancia y necesitamos más dopamina con más frecuencia para lograr el mismo "subidón". Esto conduce a un comportamiento adictivo. Una liberación simultánea equilibrada de hormonas asegura que los receptores se "llenen" simultáneamente con una combinación de varias neurohormonas, y no solo con dopamina. Demasiado poco o demasiado de cualquier neuroquímico es problemático. Las personas con la enfermedad de Parkinson se han relacionado con niveles bajos de dopamina y las personas con esquizofrenia se han relacionado con niveles altos de esta. Si tratamos de potenciar artificialmente un neuroquímico, generalmente se produce a expensas de otro (por ejemplo, los inhibidores selectivos de la recaptación de serotonina (ISRS)), una persona tomará un ISRS para aumentar la serotonina, pero los ISRS bloquean la producción de dopamina. Lamentablemente, esto es indicativo de la medicina occidental; solo tratan el síntoma y no la causa, y el "medicamento" generalmente tiene efectos secundarios no deseados.

La acetilcolina tiene un efecto tranquilizante en el cuerpo y el sistema nervioso. Se libera cada vez que se estimula el nervio vago; En este sentido, la respiración profunda es una forma efectiva de lograr la estimulación y, por lo tanto, la liberación de acetilcolina. El acto de fumar implica tomar inhalaciones profundas; esto libera acetilcolina con su efecto tranquilizante en la persona; esta es la razón principal por la que los fumadores no pueden dejar de fumar, se vuelven adictos al efecto relajante de la acetilcolina.

Los neurotransmisores dominantes para el cerebro izquierdo son la dopamina y la acetilcolina, y para el cerebro derecho norepinefrina. Los diferentes productos químicos atraen a ambos lados de nuestros cerebros que evocan una cierta respuesta de comportamiento. El hecho de que tengamos cerebro izquierdo o derecho determina gran parte de nuestro carácter y comportamiento. Pero nuestro estado emocional y los eventos externos generan químicos específicos dentro de nosotros que pueden afectar qué lado de nuestro cerebro es dominante en un momento dado. Esto también explica por qué no somos cerebros izquierdos o cerebros derechos. Constantemente cruzamos entre los dos.

El suministro de productos químicos corporales, particularmente endocrinos y neurotransmisores, nos afecta enormemente. Obtener un equilibrio en estos productos químicos es importante. Tome la serotonina por ejemplo: demasiada serotonina puede causar presión arterial alta, confusión e incluso agresión, psicosis y accidentes cerebrovasculares. Si es demasiado bajo, tenemos insomnio, ansiedad, incluso violencia y suicidio. Una deficiencia de serotonina está relacionada con una variedad de trastornos como la anorexia, la agresión, el alcoholismo, la ansiedad,autismo, depresión, síndrome de Down y trastorno afectivo estacional. La Ley del equilibrio se extiende incluso a los neuroquímicos dentro de nosotros.

Humanos Pavlovianos

Cuando reconocemos que todo nuestro comportamiento, emociones y respuestas están condicionados por nuestra necesidad de estos químicos, podemos comenzar a evaluar nuestra conciencia. Cuando comenzamos a elevar nuestro comportamiento, emociones y respuestas para alinearnos con nuestra mente superior, pasamos del ser humano pavloviano al ser sensible.

Un diccionario describe sintiente como:
- cosas que están vivas, capaces de sentir y percibir, y mostrar conciencia o capacidad de respuesta

- dotado de sentimiento y conciencia desestructurada
- percibiendo conscientemente

Nuestra adicción a los productos químicos nos presta a la dominación de nuestra mente primitiva. Cuanto más nos involucramos en este comportamiento, más fuerte se vuelve nuestra mente primitiva. En algún momento nos encontramos con un "cambio de conciencia", un punto en el que nos damos cuenta de que somos más que animales químicamente adictos, y que hay un propósito más elevado para nosotros mismos. Cuando esto sucede, comenzamos el camino hacia la conciencia.

Capítulo 9 - Aumente su resonancia

Según Tracy, este es el quid de la cuestión. ¿En qué nivel vibras, dónde quieres vibrar y qué hacer para cerrar la brecha? Ella ya tiene una gran comprensión de lo que se discute aquí, lo ha estado aplicando durante muchos años y, por lo tanto, omite toda la ciencia y va directamente a la creación al evaluar su nivel vibratorio.

Recientemente estaba teniendo un momento difícil, y cuando las cosas no parecían ponerse más bajas, se dio cuenta de cómo su estado mental estaba afectando al resto de la familia. Esta fue la motivación que necesitaba para hacer un cambio. En dos días ella era una persona diferente y el cambio de energía en la casa era palpable.

Ella comenzó a editar este libro y dijo que la ayudó a ponerse en contacto con lo que ya sabía y le recordó que volviera a la gratitud. Para ella, cerrar la brecha significa ponerse en contacto con la gratitud.

¿Qué es un nivel de vibración corporal?

En este libro he tratado de mantener la metafísica al mínimo y más bien centrarme en la mecánica física de la Ley de la Creación. Todo el concepto de Ingeniería de la Consciencia se detalla en este libro porque nuestro comportamiento está vinculado a nuestra mente-cuerpo y para cambiar efectivamente debemos entender que somos Ingenieros de la Consciencia.

De acuerdo con Wikipedia https://en.wikipedia.org/wiki/Resonance, "En física, la resonancia es un fenómeno que ocurre cuando un sistema vibratorio o una fuerza externa impulsa a otro sistema a oscilar con mayor amplitud a una frecuencia preferencial específica. Las frecuencias a las que la amplitud de respuesta es un máximo relativo se conocen como ... frecuencias resonantes ".

Una famosa cita de Nikola Tesla es "Si quieres encontrar los secretos del universo, piensa en términos de energía, frecuencia y vibración".

Todo en la creación, tanto animado como inanimado, está compuesto de energía en movimiento. En el nivel atómico y subatómico hay movimiento de energía; donde hay movimiento de energía hay vibración, y viceversa. La vibración puede describirse como un movimiento periódico o cíclico entre dos extremos alrededor de un punto medio, por ejemplo, una cuerda de guitarra. Cuando se tira de la cuerda, se mueve

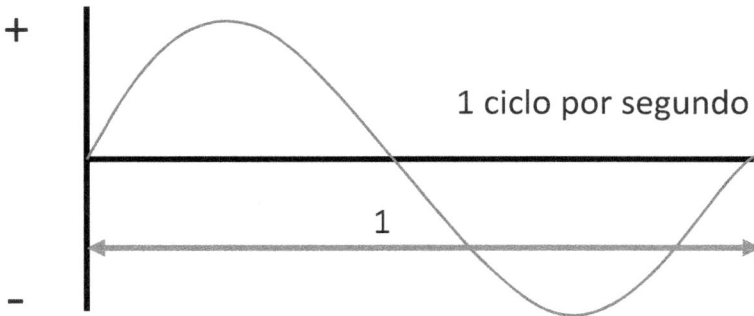

en un ciclo entre dos extremos alrededor de un punto medio, lo que hace que se produzca una onda de sonido en un punto particularnota o frecuencia.

La frecuencia es cuántas veces, o ciclos, se repiten en un segundo, y se conoce como Ciclos por segundo (Cps).

Todo lo que vibra resuena a una frecuencia fundamental o primaria, basada en la configuración de energía que mantiene unida la materia. Entonces, en términos simples, usted, cada parte de usted, su mente y su entorno, están continuamente vibrando. Cada elemento tiene una vibración específica, o rango de vibración, cuando está funcionando "correctamente".

Tome el cerebro humano como ejemplo. Un cerebro sano típico resuena entre 72 y 90 Hz. Cuando la vibración de un cerebro cae por debajo de 72 Hz, comienza a volverse errática, se puede formar una enfermedad, la memoria se vuelve mala, pueden ocurrir delirios, etc. Todo lo que nos rodea tiene vibración e impacta nuestra vibración. Por ejemplo, la comida que ponemos en nuestros cuerpos mantendrá, aumentará o disminuirá nuestro nivel de vibración. Si continuamente comemos alimentos orgánicos, limpiamos agua energizada y respiramos aire de montaña, entonces nuestra vibración seguirá siendo alta. Por el contrario, si comemos alimentos transgénicos, bebemos refrescos, consumimos azúcar y respiramos el smog tipo Beijing, nuestro nivel de vibración se verá afectado negativamente.

Frecuencia de Varias Cosas

Cerebro Humano	72 - 90 Hz
Cuerpo Humano	62 -68 Hz
Síntomas de Resfriado	58 Hz
Síntomas de Gripe	57 Hz
Candida	55 Hz
Virus de Epstein Barr	52 Hz
Cáncer	42 Hz
Inicio de la Muerte	25 Hz
Alimentos Procesados/Enlatados	0 Hz
Productos Frescos	Up to 15 Hz
Hierbas Secas	12 - 22 Hz
Hierbas Frescas	20-27 Hz
Aceites Esenciales	52 - 320 Hz

Del mismo modo, si vivimos una vida pura, tenemos creencias religiosas o espirituales, somos optimistas y positivos, tenemos sentido del humor y tenemos un propósito en la vida, entonces todo esto ayuda a mantener y elevar nuestro nivel de vibración. Por el contrario, vivir una vida "oscura" (crimen, por ejemplo), no tener creencias religiosas o espirituales, ser negativo y pesimista sin sentido del humor, conduce a un nivel de vibración más bajo.

Los chinos llaman a esta energía vital Chi, o Qi, y los budistas la llaman Prana. Es la energía vibracional de nuestro cuerpo.

El inicio de la muerte comienza a los 25 Hz. Esta baja vibración se logra por cualquiera de las siguientes dos razones: en primer lugar, hemos atraído vibraciones más bajas, reduciendo así nuestra vibración central (como malos hábitos, uso de drogas, mala nutrición, etc.); O, en segundo lugar, que hemos perdido nuestra energía vital y no tenemos la voluntad de vivir (depresión, vejez, muerte de un cónyuge, etc.). Una persona puede tener un problema particular con un área específica de su cuerpo, por ejemplo, su hígado. La frecuencia hepática es de 55 a 60 Hz; cuando se les da un medicamento homeopático, se compromete a aumentar su rango vibratorio nuevamente dentro del rango normal. Cuanto más lejos del rango normal cae la vibración, más grave es la enfermedad. Al nivel de 58 Hz, es más probable que aparezcan enfermedades como el resfriado y la gripe. A niveles más bajos (42 Hz) el cáncer comienza a aparecer.

A frecuencias más bajas, atraemos entidades similares de vibración más baja, como enfermedades, bacterias, virus y hongos. La enfermedad y la enfermedad no sobrevivirán en un ambiente con una alta energía vibracional. En la Edad Media, la peste negra se extendió por Europa diezmando a la población. Un grupo de personas parecía resistente a la enfermedad: las chicas lavanda que caminaban con canastas de lavanda vendiéndolas a quien la comprara. La lavanda vibra a 118 Hz, una vibración muy alta en comparación con nuestro cuerpo y enfermedades. Como resultado de su interacción diaria con esta alta vibración, sus cuerpos se mantuvieron en una alta vibración y esto les impidió sucumbir a la plaga. Nikola Tesla tenía razón cuando dijo que "si pudieras eliminar ciertas frecuencias externas que interfieren en nuestros cuerpos, tendríamos una mayor resistencia a las enfermedades".vibraciones desde adentro, la sintonía de lo divino dentro del tejido vivo de un cuerpo con las Energías Creativas ".

Los cristales tienen un efecto beneficioso similar. Su alta vibración ayuda a mantener el rango de energía vibracional del cuerpo y repele las energías vibracionales más bajas. El sonido obviamente tiene energía vibracional y, por supuesto, mantiene, aumenta o disminuye nuestra vibración. Una canción que nos gusta atrae al rango de frecuencias que estamos atrayendo o nos atrae. La música clásica tiene una vibración más alta que el heavy metal. La música gospel tiene una vibración más alta que el rap. También conocido como el "Acuario Om", 432 Hz, es aparentemente el nivel vibracional natural de la naturaleza y, por lo tanto, se considera poderoso.

Cuando consideramos que todo con lo que nos conectamos nos impacta de manera vibratoria (visual, oral, auditiva, cinestésica, sensual, intuitiva), entonces podríamos desear discernir sobre lo que comemos y lo que escuchamos. Un vidrio se rompe cuando se ve afectado por el sonido en su núcleo de vibración (por ejemplo, un cantante de ópera puede romper el vidrio con su voz). Pero solo se rompe porque tiene imperfecciones: los defectos en el vidrio que vibran en un nivel inferior conducen a su rotura. La metáfora aquí sugiere que si seguimos vibrando a un nivel superior, mantendremos los defectos fuera de nuestro cuerpo.

Nuestros pensamientos tienen cada uno su propia vibración. Un pensamiento optimista o "elevado", como el amor, la gratitud, la caridad, la compasión, obviamente tiene una vibración más alta que el odio, la lujuria, la envidia, la codicia, los celos. ¡Vibra alto, gente!

¿Alguna vez has deseado algo? Es un deseo de su cuerpo una "solución" vibracional. Las drogas y el alcohol son un intento de cambiar la vibración. Si bien aportan una sensación temporal de cambio vibratorio, el efecto final es una vibración reducida. Cualquier estimulante (café, por ejemplo) tiene un efecto similar: un cambio vibratorio positivo inicial percibido, seguido de un efecto negativo. Piense en la decepción después de una droga alta, la resaca después de un exceso de alcohol y el período plano después de un pico de cafeína. Todo en nuestro universo está en equilibrio: no puedes tener lo alto sin lo bajo. Hay una excepción a esto: la conciencia vibracional. Si pudieras mantener un aura absoluta de amor y gratitud, por ejemplo, no necesariamente habría un bajo correspondiente. Entonces, manténgase drogado con sus pensamientos ya que no hay ningún efecto negativo.

La forma en que vivimos nuestra vida y nuestra homeostasis afecta nuestro nivel de vibración. Por ejemplo, el ascetismo es un estilo de vida de privación espartana, y no es beneficioso ya que este comportamiento vibra en un nivel inferior; privarse a uno mismo es el miedo a algo (por ejemplo, hacemos dieta por temor a ser rechazados, nos privamos por miedo a engordar). El equilibrio es una buena opción, como dijo Ralph Waldo Emerson: "¡Todo con moderación, especialmente la moderación!" Cada uno de nosotros tiene una apariencia natural, un requisito para satisfacer las necesidades de un organismo vivo. Deberíamos perseguir esto pero ser conscientes de las ramificaciones de nuestras elecciones. Y a medida que hacemos una elección "mala", siga la filosofía de "no hay errores, solo comentarios". Acepta la lección, reprograma tu mente y toma mejores decisiones. Suelta la culpa, el arrepentimiento y la vergüenza: ¡estas son energías de baja vibración!

El color tiene una energía vibracional, por eso es posible que prefiera un color sobre otro. Las formas tienen una energía vibracional: las plántulas de vegetales bajo un techo tipo pirámide crecen más rápidamente y con mayor rendimiento. Las pirámides son contenedores de vibración muy potentes.

Como se mencionó anteriormente, los experimentos del Dr. Masaru Emoto con cristales de agua demuestran claramente el efecto que nuestros pensamientos, nuestras palabras, nuestra energía y nuestras intenciones tienen sobre el agua. Recordando que tenemos más del 70% de agua, claramente su nivel de vibración tiene un impacto fisiológico en usted, lo que a su vez influye en su nivel de vibración.

En términos de energía vibracional, puede elegir estar en una espiral ascendente o una espiral descendente. Lo importante que debe entender es que tiene el poder sobre la dirección en la que va.

> **Lo que hemos llamado materia es energía, cuya vibración ha sido tan baja que es perceptible para los sentidos. No hay materia**
> **Albert Einstein**

Los profesionales del deporte hablan de estar "en la zona", ese punto de enfoque extremo donde la habilidad, habilidad, memoria muscular y determinación se unen de tal manera que superen a sus rivales. En efecto, este es simplemente el atleta que vibra a un nivel tan alto que atrae el éxito (atrae esa probabilidad del Campo de probabilidades).

¡Existe la teoría de que te conectas con tu pareja porque emite la frecuencia que estás buscando! Y luego te separas porque ya no emiten esa frecuencia, o ahora necesitas una frecuencia diferente. Este concepto se valida cuando considera que las emociones son la razón principal por la que nos conectamos con un compañero, y todas las emociones tienen frecuencias diferentes.

El vínculo entre la conciencia y la vibración

Hay un vínculo directo entre la conciencia y la vibración. Nuestra conciencia aumenta cuando aumenta nuestra vibración, y viceversa.

> **No somos seres humanos en un viaje espiritual, somos seres espirituales en un viaje humano.**
> **Stephen Covey**

Imagina que todo está en un espectro. El rango de luz es infinito, como lo es el rango de sonido. El rango de olores es probablemente también infinito, pero comprender esto está más allá del alcance de nuestros limitados sentidos humanos. La luz y el sonido no son más que energía que vibra a una frecuencia particular, y ambos son propiedades del espectro electromagnético. Nuestra capacidad como humanos para discernir y comprender es tan limitada que se reduce a una fracción del espectro "conocido". Digo conocido porque la frecuencia, como los números, es infinita.

Spectro Electromagnético

700 nm   600 nm   500 nm   400 nm

Visible

| Radio | Microondas | Infrarrojo | Unltravioleta | Radiografía | Rayo Gamma | Longitud de Onda de Nanómetros |

10^6 10^3 1000   100   Radiografía 10   1   0.1

Baja Frecuencia   Alta Frecuencia

Longitud de Onda Larga   Longitud de Onda Corta

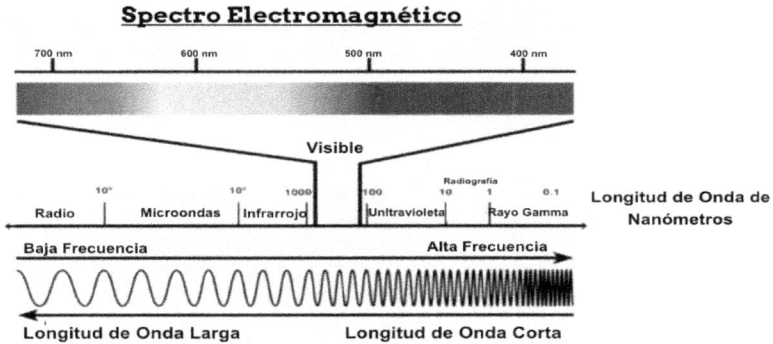

Visualmente, solo podemos ver el espectro que cubre el rojo oscuro al violeta. Este es el espectro de color visible. No podemos ver infrarrojo o ultravioleta (aunque algunos animales sí pueden). Por definición obvia, no podemos ver colores en el espectro no visible. ¡Solo podemos ver una diez billonésima parte del espectro electromagnético! Esto subraya el hecho de que el espectro de información que un humano puede discernir es extremadamente limitado.

Por un lado, existen colores que no podemos ver, y por otro, ¡vemos colores que no existen! Echa un vistazo al espectro. No verá rosa claro, por ejemplo. Debido a la forma en que funcionan los conos en nuestros ojos, ellos "perciben" el rosa a pesar de que no existe. Brown es otro ejemplo, y hay muchos más. La luz blanca es una mezcla de los colores del espectro visible. El negro es una ausencia total de luz. La luz blanca no tiene su propio nivel de longitud de onda electromagnética: existe porque percibimos que nuestros ojos reciben medidas iguales de todas las longitudes de onda al mismo tiempo. Por lo tanto, la luz blanca es una creación humana, no existe en el universo que entendemos. ¡Creas luz blanca! Ahora dime que no tienes el poder de crear ...

Para empujar aún más los límites de lo incrédulo: un plátano no es amarillo. Un objeto que recibe luz absorbe todas las longitudes de onda de la luz, excepto la que rechaza (refleja). El objeto refleja este color. Como ha absorbido todos los demás colores, técnicamente debería estar asociado con esos colores. Como somos simples humanos, actuamos según lo que creemos que vemos; vemos que el plátano refleja el color amarillo, por lo que consideramos que el plátano es amarillo. Para decir de nuevo lo obvio, técnicamente es de todos los colores excepto el amarillo.

Entonces, como humanos, no podemos percibir o comprender la mayoría de las cosas que existen en el universo, ¡y por otro lado creamos cosas que supuestamente no existen! Parte de la conciencia está contemplando esta yuxtaposición. Lo que creemos como individuos no es cierto, y la conciencia es simplemente la búsqueda de la verdad.

Nuestra audiencia es igualmente limitada. El rango que puede interpretar un oído humano generalmente se cita como 20–20,000 Hz. El sonido es infinito y continúa por debajo y por encima de los límites de este espectro. No podemos discernir ningún sonido que sea subsónico o inferior, ni supersónico ni superior. Están allí, pero no estamos equipados para "sintonizar" esos sonidos.

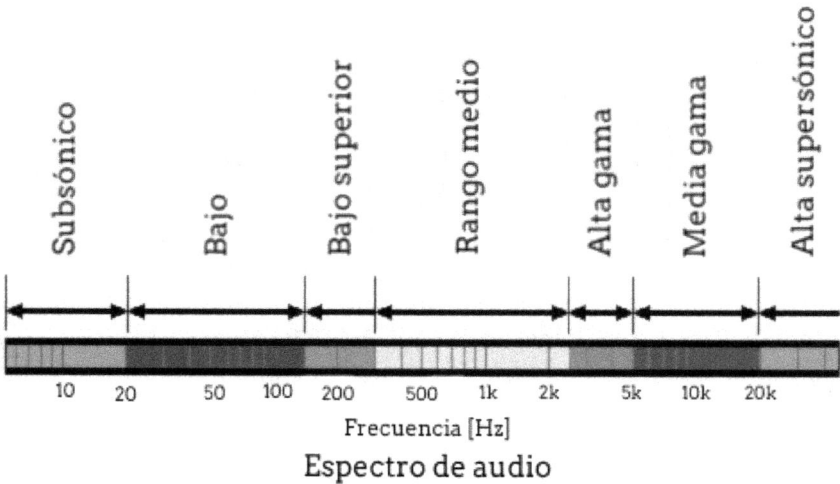

Espectro de audio

A medida que aumenta la frecuencia, disminuye la longitud de onda y aumenta la energía. Una onda gamma, por ejemplo, tiene energía intensa, alta frecuencia y longitud de onda corta. A medida que aumenta nuestra conciencia, también lo hace nuestra vibración y nuestra capacidad de percibir y comprender las cosas vibratorias que estaban fuera de nuestro espectro. Siempre que existan ondas electromagnéticas en unmedio con importar, su longitud de onda aumenta. Como humanos, somos electromagnéticamente "densos", y nuestra energía se ralentiza para que asumamos cualidades físicas. La densidad de un objeto dicta qué tan rápido puede vibrar físicamente esa energía. Su subconsciente no es denso y vibra a un alto nivel.

Las cosas que podemos sentir son cosas cuya vibración se reduce a un punto en el espectro que podemos comprender. Todas las manifestaciones físicas vibran dentro de ciertos rangos de frecuencia para la percepción sensorial humana, como el espectro de color visible. Las personas no pueden percibir conceptos vibracionales superiores porque la frecuencia de vibración está fuera del rango de percepción humana, fuera del "espectro de comprensión humana".

De esto podemos discernir varios hechos sólidos:
1. Nuestros sentidos son limitados
2. Lo que vemos no es todo lo que hay
3. El universo es pura energía, vibra.
4. No podemos ver ni sentir la mayoría de esta energía, pero sabemos que está ahí.
5. Una "cosa" debe vibrar a un nivel relativamente bajo, y en una banda estrecha, para que nuestros sentidos la comprendan. No podemos ver, sentir o sintonizar la mayoría de los aspectos del universo.
6. Tendemos a negar o resistir las cosas que no podemos ver, sentir o sintonizar. Esto no significa que no esté allí. Por el contrario, la evidencia anterior muestra claramente que está allí. Entonces, negamos la mayoría de lo que es, y asumimos que nuestros pequeños conocimientos percibidos son un hecho, y la verdad completa

Un fotón es una partícula elemental, el cuanto de luz y todos Otras formas de radiación electromagnética. Un fotón es un paquete discreto (o cuántico) de electromagnético energía. Cuando los fotones encuentran los átomos de un objeto, el átomo decide si el fotón moverá el átomo de un estado de energía a otro y actúa en consecuencia. Puede reemitir el fotón (dispersión) que es lo que sucede en el caso de nuestro plátano; o asimila el fotón (absorción); o el átomo permite el paso del fotón sin acción (transmisión).

La primera lección que podemos extraer de esto es: Como humano simple, experimentas esta fuerza básica de la física todos los días. Todos los días te encuentras con personas (una compilación de fotones que vibran a un nivel bajo) y eventos (que tienen un nivel de vibración). Durante el día tendrás pensamientos y sentimientos (ambos vibrando a un nivel específico). Cuando ocurren estas personas, eventos, pensamientos y sentimientos, tienes el poder de elegir si absorber, dispersar o transmitir la experiencia.

La segunda lección es: lo que percibimos como la verdad absoluta, no lo es. Y hay tanto "allá afuera" que no podemos comprender debido a nuestro bajo nivel de vibración / conciencia humana. Esta es la base de "La alegoría de la cueva" de Platón en su obra más conocida, La República. Cuando visité su cueva, pude entender el concepto de que cuando aumentamos nuestra vibración, nuestra conciencia nos permite atraer y comprender un mayor nivel de información. Podemos optar por rechazar esta información y nuestra vibración / conciencia se estabilizará y permanecerá en el nivel con el que nos sentimos cómodos. Quizás en nuestra próxima vida nos impulsemos a un nivel más alto de vibración / conciencia.

En pocas palabras, a nivel humano, nada de lo que nos sucede es real. Creamos su realidad por la forma en que elegimos reaccionar. Somos responsables de lo que creamos. A nivel espiritual, cuando nuestro sentido de individualidad da paso a nuestra universalidad, se lograrán cambios cuánticos en nuestra vibración / conciencia.

* Wikipedia dice: "El límite para longitudes de onda largas es el tamaño de universo en sí mismo, aunque se cree que el límite de longitud de onda corta

está cerca de longitud de Planck. Hasta mediados del siglo XX, la mayoría de los físicos creía que este espectro erainfinito y continuo. "

> **El hombre prefiere creer lo que prefiere para ser verdad.**
> **Francis Bacon**

La mente superconsciente - Epsilon estado de ondas cerebrales

El ciclo eléctrico de su cerebro se conoce como estado de onda cerebral. Por lo general, cuando lees esto estás en un estado Beta bajo, despierto pero relajado. Recientemente, los estados de ondas cerebrales de Epsilon y Lambda fueron "descubiertos", siempre estuvieron allí, por supuesto, pero solo recientemente se midieron en el cerebro. Epsilon es un ciclo de estado de ondas cerebrales a menos de 0.5 Hz (frecuencia extremadamente baja y amplitud alta), y Lambda es un ciclo de estado de ondas cerebrales a más de 100 Hz (frecuencia extremadamente alta y amplitud baja).

> **En la meditación, debes ir más allá del pensamiento. Mientras estés ocupado pensando, estarás en tu mente racional, en el plano consciente. Cuando duermes y sueñas, estás en el plano subconsciente y en tu cuerpo astral. Y cuando tu mente está completamente retraída en la superconciencia ... Ese es el nivel de la existencia del alma.**
> **Paramahansa Yogananda**

Muchas fuentes creen que Gamma es la frecuencia de armonización; por ejemplo, cuando observa un objeto, su tamaño, color, etc. son percibidos y procesados por diferentes partes del cerebro, se cree que Gamma permite la unificación de toda la información diferente. . Los ritmos alfa y gamma también interactúan ayudando al cerebro a empaquetar información en imágenes, pensamientos y recuerdos coherentes.

Investigadores de EEG han identificado frecuencias extremadamente altas de ondas cerebrales por encima de Gamma, 100 Hz y mayores. Estos estados de frecuencia cerebral de alto rango se denominan Hyper-Gamma y Lambda.

Las frecuencias de ondas cerebrales de velocidad totalmente opuesta, algunas a 100 Hz y otras a menos de 0,5 Hz, tienen exactamente los mismos estados de conciencia asociados con ellas. Estas frecuencias Hyper-Gamma, Lambda y Epsilon están unidas en una relación circular. Esta actividad de ondas cerebrales está asociada con estados de autoconciencia, niveles más altos de percepción e información, habilidades psíquicas y experiencias fuera del cuerpo. Esta nueva región de actividad cerebral y estados de conciencia asociados con ella se llama Epsilon.

El siguiente diagrama muestra cómo se combinan las ondas cerebrales de Epsilon y Lambda, ya que las frecuencias se imitan entre sí. Ambos estados permiten que el sujeto entre en un estado de "Mente Superconsciente".

Este estado de conciencia de Epsilon se puede ver en pacientes donde los médicos occidentales no perciben latidos, respiración ni pulso, pero la persona aún está viva. Los estados de conciencia hipergamma y delta son los estados que los místicos orientales logran en la práctica meditativa profunda.

Alfa es el comienzo del nivel del alma, donde creamos nuestra existencia, y Epsilon / Lambda el estado del alma profunda; el estado de "Dios". Beta / Gamma es el nivel del ego, donde existimos y nos conectamos con el mundo material, que vibra lentamente. Cuanto más alto es el estado de la onda cerebral, más lento es el estado material. Cuanto más bajo es el estado de la onda cerebral, más rápida es la vibración en el estado material. Entonces, una vibración más alta en un extremo conduce a una vibración más baja en el otro extremo; esto es simplemente la Ley del Equilibrio en acción. La Ley del Equilibrio es una de las leyes más poderosas del universo físico.

Estados de Ondas Cerebrales y Conciencia

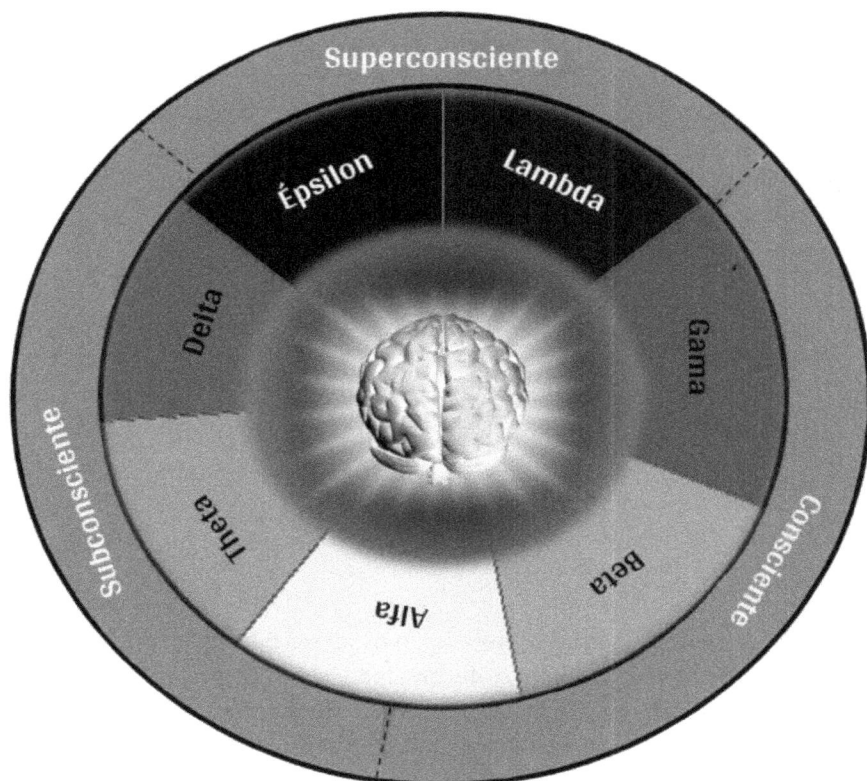

Superconsciente

Épsilon

Lambda

Delta

Gama

Subconsciente

Theta

Beta

Consciente

Alfa

Jesús, Buda y todos los maestros ascendidos se dieron cuenta de que nuestro estado Beta / Gamma nos permite estar presentes en la experiencia de la Tierra. Pudieron alcanzar un estado de onda cerebral tan lento que pudieron trascender esta manifestación física y ya no eran materiales ni físicos. Pudieron conectarse con su superconsciente.

Según el budismo, un ser humano nace con 108 deseos terrenales (como el apego, los celos y la vanidad). Cuando tenemos deseos terrenales, vibramos a un nivel bajo para permanecer unidos a esta Tierra. Estamos apegados por nuestro apego. Con el tiempo y muchas vidas, nos damos cuenta de la inutilidad del deseo terrenal y deseamos manifestar algo más, lo que finalmente conduce a la Ascendencia.

Un estado alfa profundo, hacia el estado Epsilon / Lambda, permite transferir nuestra conciencia más profundamente al estado del alma. Las personas que experimentan una experiencia cercana a la muerte entran en un estado de ondas cerebrales muy bajas (Delta / Epsilon) y pueden separarse temporalmente de sus cuerpos. Luego, su estado de ondas cerebrales aumenta de nuevo a delta, y regresan a sus cuerpos.

> **Lo que se puede ver no tiene forma.**
> **Lo que tiene forma no se puede ver.**
> **Refrán budista**

Nivel de vibración de las emociones

Como se discutió anteriormente, una emoción tiene un nivel vibratorio específico. Como puedes imaginar, alegría + felicidad + humor vibran a un nivel alto, y depresión + tristeza + vergüenza + culpa a un nivel bajo.

Similar al espectro electromagnético, un espectro de vibración emocional es un continuo que se mueve de niveles vibratorios bajos a altos. La espiral de Abraham Hicks (discutida anteriormente) muestra las emociones que están vinculadas a una espiral positiva hacia arriba, y las vinculadas a una espiral negativa hacia abajo.

Cada emoción tiene un nivel vibratorio específico. Nuestra emoción afecta nuestro comportamiento y viceversa.El comportamiento, las emociones y la conciencia están inextricablemente vinculados. Tienes que entender uno para entender la mecánica de los demás.

Las emociones ascendentes aumentarán nuestro nivel vibratorio, los comportamientos mejorarán y esto conduce a un aumento temporal de la conciencia. Las emociones hacia abajo disminuirán nuestro nivel vibratorio, los comportamientos empeorarán y conducirán a una disminución temporal de la conciencia.

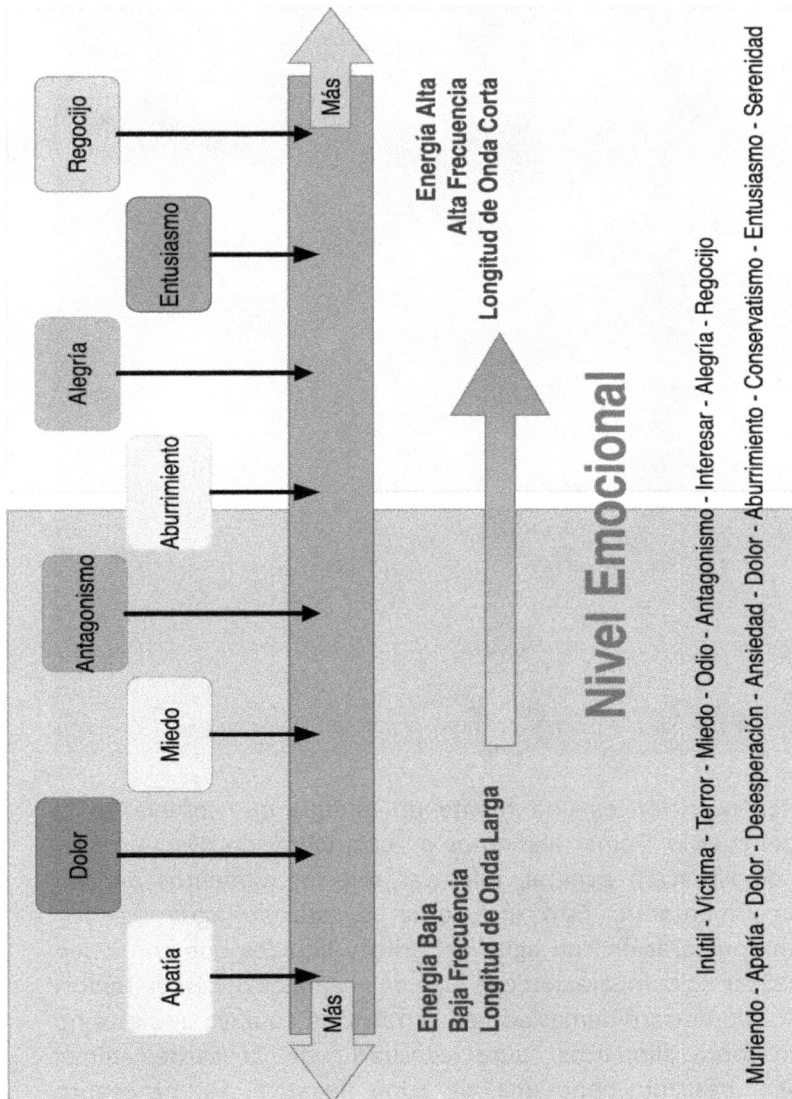

Nivel Emocional

Regocijo

Entusiasmo

Alegría

Aburrimiento

Antagonismo

Miedo

Dolor

Apatía

Más

Más

Energía Alta
Alta Frecuencia
Longitud de Onda Corta

Energía Baja
Baja Frecuencia
Longitud de Onda Larga

Inútil - Víctima - Terror - Miedo - Odio - Antagonismo - Interesar - Alegría - Regocijo

Muriendo - Apatía - Dolor - Desesperación - Ansiedad - Dolor - Aburrimiento - Conservatismo - Entusiasmo - Serenidad

Elevando su nivel de vibración

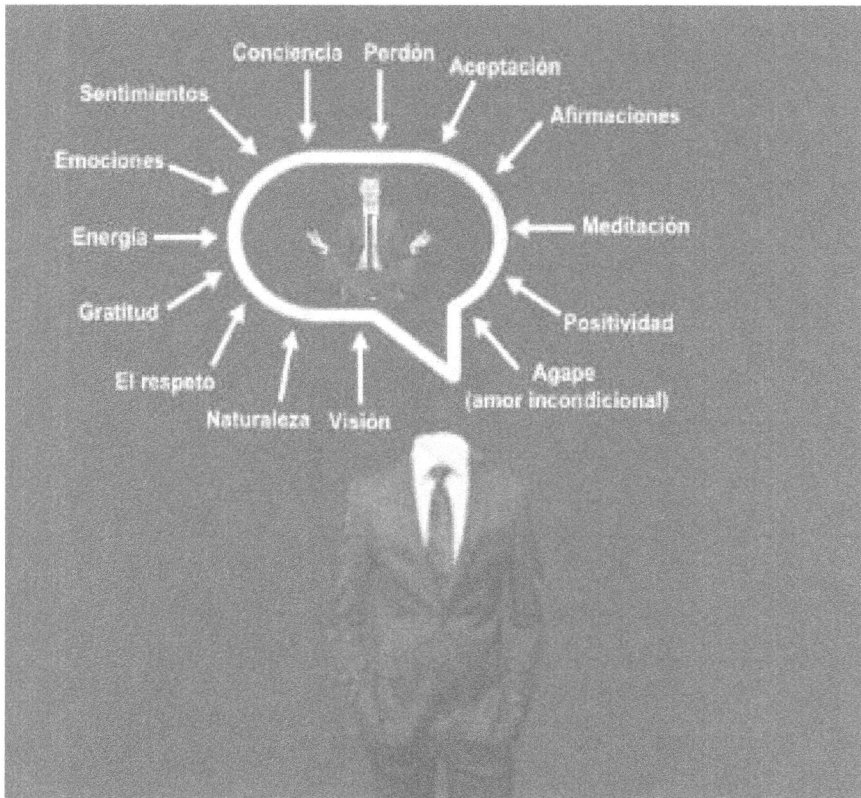

Nutrición: La nutrición es una fuente de energía que influye en la vibración del cuerpo. Tomar alimentos de baja vibración disminuirá su frecuencia de vibración general, mientras que los alimentos de alta vibración la aumentarán. Esto incluye la ingesta de agua de alta calidad, en comparación con agua del grifo y líquidos que contienen alcohol o azúcar en comparación con jugo de vegetales recién extraídos, por ejemplo. No entraré demasiado en la nutrición aquí, ya que este no es un libro sobre alimentos, pero descubrí que la carne animal (carne, pollo, pescado) tiene una vibración negativa. Estaba seguro de que esto era solo de acuerdo con vegetarianos o veganos, pero no pude encontrar nada para refutarlo. Soy un comedor de carne y, por lo tanto, antes de cada comida, bendigo mi comida. Agradezco a los animales, los granjeros, la logística de llevarlo a mi plato y al chef. Al hacer esto, Creo que elevo la energía vibracional de la comida que estoy comiendo. Una vez dicho esto, ¡la comida fresca y casera siempre es vibratoriamente más alta que la comida chatarra rápida y sabe mejor!

Pensamientos positivos y optimismo: Lo que piensas inconscientemente es en lo que te conviertes. Los pensamientos positivos vibran a un nivel más alto que los pensamientos negativos. Tu mente es un transmisor de señales y un receptor de señales iguales. Lo que envía es lo que recibirá de vuelta. Entonces, cuando te encuentres pensando pensamientos que no te beneficien, ten en mente un recuerdo que eleva tus sentimientos al instante. Concéntrese en eso para comenzar a elevar su vibración y evitar quedar atrapado en pensamientos no deseados. Usa tus emociones como una guía de lo que está pensando tu subconsciente. Sus emociones son una gran señal de lo que se desencadena en su subconsciente, lo que le brinda la oportunidad de reelaborarlas.

Emociones y sentimientos: Si los pensamientos son como te habla la mente, entonces las emociones y los sentimientos son como te hablan el cuerpo y el subconsciente. Los sentimientos y emociones como la culpa y la vergüenza vibran a un nivel bajo. Libérate de estos aspectos de baja vibración, a través de la meditación o afirmaciones, o accediendo a un recuerdo que invoca gratitud y amor. El humor, el amor y la alegría vibran a un nivel muy alto. El amor y la gratitud combinados tienen las vibraciones más altas.

Aceptación: Las cosas vendrán y las cosas se irán. Todo sucede por una razón. Su resistencia a cualquier cosa es una señal de que no la ha aceptado. Mientras lo resistas, utilizarás recursos valiosos para combatirlo y te sumergirás en emociones de tristeza, angustia, ira, ansiedad y estrés. Estas son todas emociones de baja vibración. Aceptar significa coraje y esperanza, y estas son emociones de mayor vibración.

Perdón: La lección principal que cada uno tenemos en nuestras vidas es el perdón. El perdón es lo más difícil de dominar en el mundo. Pero si se logra, conduce al regalo más poderoso: el regalo de la libertad. Cuando aprendemos que todo lo que importa es nuestra reacción a un evento, nos damos cuenta de nuestro propio poder. Nos lleva a darnos cuenta de que creamos nuestras propias vidas. Nos libera de emociones de baja vibración, como la venganza y la ira, y permite emociones de alta vibración, como el amor y la aceptación. Si quieres llevar el perdón al siguiente nivel, la comprensión de que no hay nada que perdonar es inmensamente poderosa.

Afirmaciones: Cuando afirmamos, entrenamos a nuestro subconsciente para creer una realidad. Cuando nuestro subconsciente cree algo, crea esa realidad. El cuerpo vibra a un nivel bajo para manifestar su fisicalidad. El subconsciente no está limitado por esta fisicalidad y vibra a un nivel extremadamente alto. La creación ocurre a un alto nivel vibratorio.

Conciencia / atención plena: Cuando vivimos en el pasado, experimentamos arrepentimiento y nostalgia. Cuando vivimos en el futuro, experimentamos ansiedad y miedo. Justo aquí, ahora mismo, detente. . . y experimenta lo más asombroso: la vida. Algo poderoso te creó, y por una razón poderosa. Abraza la maravilla de ti y la vida que representa.

Gratitud: Como ya se dijo, la gratitud acelera el proceso de creación. Todos deseamos tener una vida placentera y satisfactoria. El apego a los resultados trae decepción y ansiedad. Deja de desear las cosas materiales y que las cosas sean diferentes. En cambio, cuente todas sus bendiciones. Y luego dé las gracias de todo corazón al Universo (o Dios, dios, la mente subconsciente, su guía espiritual, o ¡QUIÉN NUNCA!) Por cada cosa en su vida. Siempre hay algo bueno en todo. Encuentra lo bueno y agradece por ello. Por ejemplo, está enfermo en la cama con gripe. ¿Por qué estar agradecido por eso, después de todo, sientes que te estás muriendo? Podría ser que necesitabas desesperadamente un descanso y ahora tu cuerpo ha insistido en que tienes uno. Podría ser que su sistema inmunitario sea tan fuerte que mejore en menos de una semana. Ya, Hay dos cosas buenas en algo malo por las que puedes estar agradecido: un merecido descanso y un sistema inmunológico devastador. El Universo te da más de lo que estás agradecido, probablemente porque le estás diciendo al subconsciente que esto es lo que te gusta; y cuanto más lo haces, más se programa el subconsciente. Y el subconsciente es un poderoso creador. Me gustaría destacar que la Gratitud no hace que lo "malo" desaparezca de tu vida o de este mundo, pero siempre hay un lado positivo en todo, y La Ley de la Creación se trata de lo que te enfocas. Por lo tanto, enfocarse en lo bueno, siempre traerá más cosas buenas para que usted se concentre.

El Universo te da más de lo que estás agradecido, probablemente porque le estás diciendo al subconsciente que esto es lo que te gusta; y cuanto más lo haces, más se programa el subconsciente. Y el subconsciente es un poderoso creador. Me gustaría destacar que la Gratitud no hace que lo "malo" desaparezca de tu vida o de este mundo, pero siempre hay un lado positivo en todo, y La Ley de la Creación se trata de lo que te enfocas. Por lo tanto, enfocarse en lo bueno, siempre traerá más cosas buenas para que usted se concentre. El Universo te da más de lo que estás agradecido, probablemente porque le estás diciendo al subconsciente que esto es lo que te gusta; y cuanto más lo haces, más se programa el subconsciente. Y el subconsciente es un poderoso creador. Me gustaría destacar que la Gratitud no hace que lo "malo" desaparezca de tu vida o de este mundo, pero siempre hay un lado positivo en todo, y La Ley de la Creación se trata de lo que te enfocas. Por lo tanto, enfocarse en lo bueno, siempre traerá más cosas buenas para que usted se concentre. y La Ley de la Creación se trata de lo que te enfocas. Por lo tanto, enfocarse en lo bueno, siempre traerá más bien para que usted se concentre. y La Ley de la Creación se trata de lo que te enfocas. Por lo tanto, enfocarse en lo bueno, siempre traerá más bien para que usted se concentre.

Meditación: No estamos seguros de quiénes somos, de dónde venimos o hacia dónde vamos. Esta es la raíz de la conciencia, para determinar la Verdad. No somos nuestro cuerpo ni nuestro cerebro, y tampoco somos necesariamente nuestra mente. Sufrimos de "ruido" constante, charla de mono en nuestros cerebros que nos confunde y nos impide pensar con claridad. La meditación elimina el ruido y nos permite un canal claro para conectarnos con nuestra mente subconsciente. En ese sentido nos asociamos con nuestra Fuente. Nuestra fuente mejora nuestro nivel de vibración y nuestra conciencia. La autohipnosis es una herramienta adicional que aumenta la conciencia debido a los aspectos similares a la meditación.

Ágape (amor incondicional): - Todos somos uno. Al igual que el perdón, cuando se da cuenta de esto, es un regalo poderoso. ¿Por qué dañarías a tu prójimo cuando solo te haces daño a ti mismo? Todos somos parte del todo. Ágape es cuando tienes amor incondicional por el mundo y todos los que están en él; de la misma manera que amas a tus hijos, por ejemplo.

Donación desinteresada: Es una fuerza de la naturaleza que, sea lo que sea que des, recibes muchas veces. Cuando das, le gritas al Universo que no tienes miedo a la falta, y que estás seguro de que tienes abundancia. Estas son declaraciones poderosas y de alta vibración. Además, le dicen a su subconsciente que usted no cree en la falta y que sí cree en la abundancia. Su subconsciente sigue fielmente sus creencias haciendo de esto su realidad. La investigación muestra que el cuerpo actúa de manera diferente y positiva parala entrega desinteresada de un individuo, o actúa con un noble propósito (eudaimonia) que las experiencias placenteras (hedonismo). Uno se centra en la autogratificación y, por lo tanto, nos une a la Tierra. El otro está enfocado en otras personas o tiene un propósito más alto y, por lo tanto, vibra a un nivel más alto. Eudaimonia literalmente significa "buen espíritu". No es necesario dar dinero, si lo tiene para dar, entonces genial. Los actos de servicio son de muy alta vibración.

Visión positiva: Sabemos lo poderosas que son las imágenes guiadas. El atleta que gana la carrera, primero la ganó varias veces en su imaginación. Sabemos lo poderoso que puede ser un tablero de visión. El subconsciente trabaja con imágenes, imágenes y símbolos. Un tablero de visión es un programa que alimentas a tu subconsciente. Absorbe este programa y comienza a crear la realidad. Esta es la Ley de Asociación vigente. Cuanto más repites las visiones positivas, más efectivamente se programa tu subconsciente. Esta es la Ley de Repetición en efecto. Las visiones positivas crean una existencia vibratoria superior.

Naturaleza / elemento: La naturaleza vibra a un alto nivel. Nos referimos a él como prana o chi, pero es energía vibracional. Cuando estamos en la naturaleza, "absorbemos" esta energía vibracional. Esta es una de las razones por las que los superalimentos son aquellos que reciben la mayor cantidad de luz solar. En la misma línea, la luz solar es increíblemente buena para nosotros, evidente en la importancia de la vitamina D que creamos en nuestros cuerpos a través de la luz solar. La naturaleza / elementos incluyen el entorno que nos rodea, que incluye muchos elementos que van desde personas que conocemos hasta nuestro hogar y la música que escuchamos. Esto también incluye el poder de las frecuencias de sonido; La música es un poderoso cambiador de conciencia. Cantos como "OMM" aumentan los niveles de conciencia ya que este sonido resuena a la frecuencia de la Tierra de 7.83 Hz.

Capítulo 10 - Inteligencia Cósmica

Decir que no entendemos el Universo es un eufemismo. Hay fuerzas poderosas y omnipresentes que no podemos explicar, como la mecánica cuántica, el magnetismo y la gravedad. Todo lo que vemos comprende más espacio que sustancia. Sin los espacios, la Tierra podría comprimirse en algo del tamaño y la forma de una pelota de rugby. ¡Y recientemente, el plancton fue encontrado viviendo en el exterior de la Estación Espacial Internacional!

Hay una oleada de aceptación de nuevas ideas, basadas en el nivel de conciencia actual. En la Edad Media, se aceptaba que la Tierra era plana, porque esto encajaba con la ciencia conocida de la época. Tomamos la ciencia conocida de hoy como prueba de nuestras creencias actuales. Esa ciencia cambiará, y también lo harán nuestras creencias.

Debido a esto, siempre es una buena idea mantener una mente abierta, abierta a todas las posibilidades y oportunidades.

Una vez leí un libro de William Hewitt, Hipnosis para principiantes. En él, Hewitt explica cómo a menudo entra en la autohipnosis y luego invita a figuras históricas clave a su vida, entidades como Gandhi, Jesús y Buda. Esto resonó conmigo de inmediato, y lo copié. Entré en autohipnosis e invité a personas a mi espacio. Por extraño que parezca, la primera persona en entrar en mi cabeza fue Nikola Tesla, a quien siempre he admirado. Al día siguiente me quedé atónito cuando me di cuenta de que de alguna manera sabía "cosas", cosas que no había leído ni visto en un programa de televisión.

Me sorprendió lo "fácil" que es conectarse a la fuente de inteligencia y conocimiento. Pronto tuve conversaciones con Jesús, Buda y Einstein. Nuevamente, cada día después de mis conversaciones, había adquirido nueva información. Si esto resuena contigo, te recomiendo que lo pruebes:

1. Decide con quién deseas conversar. Decida si esta será una reunión "general", o si tiene un problema específico que le gustaría resolver.

2. Haz autohipnosis o meditación profunda.
3. Vibre con la energía de la persona con la que desea conversar. Pensar en esa persona, sus obras, sus actos, sus imágenes o sus acciones puede ayudar a alcanzar este nivel. Siente esa vibración y sintonízate con ella.
4. Tener un evento de umbral; el mío bajaba por una escalera que solía tener, hacia una bodega (¡no preguntes!), y la persona o personas a las que invité estarían sentadas allí.
5. Salude al visitante, ofrezca gratitud por ellos y / o sus obras.
6. Haga preguntas específicas, o simplemente "fusión mental", tenga comunicación no verbal. En algunos casos, el visitante me habló, pero en la mayoría de los casos no fue verbal.
7. Agradézcales por su tiempo y vaya a dormir (si está en la cama) o despiértese de la autohipnosis.

Hay un término para cuando alguien de repente obtiene acceso a información que está fuera de su conocimiento: se llama hipercomunicación. Como sea que lo llames, y como sea que te conectes a él, no hay duda de que podemos vincularnos a una conciencia colectiva. La hipercomunicación ocurre de forma natural y frecuente; Las hormigas, las abejas y los árboles utilizan la hipercomunicación para alertar la proximidad de los alimentos o los depredadores.

El poder de la oración

¿Qué pasa cuando la gente reza? En esencia, están vibrando a una frecuencia más alta, la frecuencia de lo Divino, el Universo, Dios, o llámalo como quieras. Las oraciones a menudo son "contestadas", porque la vibración a cierta frecuencia atrae una energía vibratoria similar. Orar normalmente atrae eventos "buenos" a su espacio.

Canalización

La canalización funciona de la misma manera que las técnicas descritas anteriormente. El canalizador vibra ante la energía del visitante y atrae esa energía a su espacio.

Como se mencionó anteriormente, no tenemos idea de cómo funciona y se comporta la mayoría de la física. Algunas posibles teorías de por qué funcionan las técnicas anteriores son:

- **Registros akáshicos** - supuestamente un término acuñado por Rudolf Steiner, los registros akáshicos (basados en el sánscrito palabra para "cielo", "espacio", "luminoso" o "éter") son un compendio de todos los pensamientos, eventos y emociones que han ocurrido en el tiempo, creídos por teósofos para ser codificado en un no físico plano de existencia conocido como el plano astral. Esto también se llama la Conciencia Colectiva.
- **Inteligencia cósmica**- según la técnica que utilicé anteriormente, todo en la vida es energía y simplemente tenemos que vibrar a un nivel vibratorio específico para atraer la misma energía vibratoria. Esto se manifiesta en pensamientos, ideas, creaciones e inventos. Cada uno de estos elementos tiene su propio nivel de vibración.
- **Memoria génica**- Existe la teoría de que todas las experiencias de nuestra vida, de todos nuestros antepasados, incluidas las reencarnaciones, están presentes en nuestro ADN. En este sentido, podríamos "saber" cosas a las que normalmente no hemos estado expuestos. Esta es una conciencia colectiva.
- **Universo holográfico**- Existe una teoría, que se está fortaleciendo debido a la investigación científica realizada que cada una de nuestras células contiene el programa completo del universo. En cuyo caso el conocimiento está dentro de nosotros y simplemente tenemos que conectarnos con él.

¡Abundan las historias sobre personas que reciben información a través de sus sueños, en la ducha o incluso un golpe en la cabeza! Dmitri Mendeleev, famoso por compilar la Tabla Periódica de los Elementos, dijo que toda la información le llegó en un sueño. Einstein se despertó con un concepto en su cabeza, que luego le llevó años demostrar matemáticamente. August Kekulé fue el padre de la química orgánica, cuyo concepto se le apareció en un sueño. Elias Howe tuvo un problema con la primera máquina de coser automática hasta que un sueño le dijo que hiciera un agujero en la punta.

Muchas personas obtienen "ideas inspiradoras" cuando están en la ducha, por ejemplo. La ducha, y el acto de ducharse, vibran a un nivel específico que atrae la inspiración. Otras personas pueden encontrar inspiración en la naturaleza o mirar las estrellas por la noche. Es lo mismo: causa un nivel de vibración que atrae pensamientos e ideas.

Nuestro subconsciente es la herramienta de creación más poderosa de nuestro universo. Esto es parte de la Inteligencia Cósmica: nuestra mente subconsciente está vinculada a todo. Nuestra mente consciente se interpone e insistimos en tomar decisiones basadas en el ego y nuestra imagen sesgada de nuestro mundo. Si enviamos la mente consciente al fondo por un tiempo y permitimos que nuestro subconsciente tome el control, entonces comienzan a suceder cosas sorprendentes. Así es como funcionan la hipnosis, la meditación, las afirmaciones, etc., evitamos nuestra mente consciente y hablamos con el subconsciente. De ahora en adelante, ¡deja que tu mente subconsciente haga el trabajo pesado!

Cuando nos quedamos dormidos con cualquier problema en nuestra mente, tendemos a despertar con una solución. Esto es porque nos mudamos a nuestro subconsciente por un período de tiempo, y el subconsciente es un solucionador de acertijos. Produce una solución viable con muy poco esfuerzo. La meditación logra el mismo estado de evitar nuestra conciencia y permitir que nuestro subconsciente avance un poco y rectifique nuestra vida.

Tenga en cuenta el concepto de Inteligencia Cósmica y la relación entre esta y su mente subconsciente. La Biblia habla sobre "Pide y recibirás". De esto se trata la Inteligencia cósmica y tu mente subconsciente.

Capítulo 11 - Neuroplasticidad: hábito, vías neuronales y neurogénesis

La palabra neuroplasticidad se deriva de las palabras 'neurona', que significa las células nerviosas en nuestro cerebro y 'plástico'. Cada célula neural individual está formada por un axón y dendritas y está unida a otras células por pequeños espacios llamados sinapsis. La palabra plástico significa moldear, esculpir o modificar. La neuroplasticidad es la capacidad que tiene el cerebro para recrearse y regenerarse a través de la fabricación constante de nuevas vías neuronales.

Durante mucho tiempo, se creía que las células cerebrales no podían regenerarse, y ahora sabemos que esto no es cierto. Se regeneran regularmente. De la misma manera, somos capaces de generar nuevas vías neuronales.

Cada pensamiento, movimiento o experiencia se transforma en energía electroquímica que luego se almacena en el cerebro. Nuestro cerebro crea vías que permiten que la energía viaje de manera similar cada vez que se activa la estimulación. Cuanto más se activa, más común se hace para que recorra esa ruta. Estos se denominan vías neuronales, y así es como se forman los hábitos.

> **Tus creencias se convierten en tus pensamientos, tus pensamientos se convierten en tus palabras, tus palabras se convierten en tus acciones, tus acciones se convierten en tus hábitos, tus hábitos se convierten en tus valores y tus valores se convierten en tu destino.**
>
> **Mahatma Gandhi**

La energía siempre toma el camino de menor resistencia. Si el hábito es "malo" (fumar, por ejemplo) y se refuerza, será cada vez más difícil redirigir la energía a un resultado positivo. Cada vez que nos enfrentamos a la situación, la energía tomará el mismo camino bien recorrido. Para superar esto, necesitamos crear un nuevo camino que conduzca a un resultado positivo. A medida que dirigimos la energía hacia un nuevo camino, el viejo camino se debilita. Al ensayar este nuevo comportamiento en el estado hipnótico / imaginario / PNL (Programación neurolingüística), seguimos un nuevo camino.

Nuestro cerebro es capaz de desarrollar nuevas células, hacer nuevas conexiones, nuevas vías neuronales y, en general, volver a desarrollarse. Puede ser difícil comenzar a cambiar esas vías neuronales, pero si establecemos nuestra intención y somos conscientes del resultado, lo lograremos. Si pasamos solo cinco minutos al día pensando en ello, y tal vez haciendo afirmaciones, lo lograremos lentamente. Cuanto más intensa sea la energía, la atención y el enfoque, antes se lograrán los resultados. Cuando aprendemos una nueva habilidad, como aprender ajedrez o un nuevo idioma, esto crea nuevas vías neuronales.

Piensa en una persona determinada. Esa persona probablemente logrará su objetivo. La neuroplastia es la misma: al someter continuamente nuestra mente a una idea o concepto, la mente finalmente lo acepta. No sé si esto es aburrimiento (la mente eventualmente 'cede') o neuroplastia (la idea ha viajado tantas veces en el cerebro que ha desarrollado una vía neural) o la repetición (como los medios de comunicación, cuando estamos expuestos a un concepto que eventualmente comenzamos a creerlo). Probablemente es una combinación de estos factores. Lo importante es saber que tiene la capacidad de transformar su cerebro (¡y usted mismo!) En una máquina positiva, una especie de neurogénesis.

Las afirmaciones funcionan de la misma manera. Al exponer continuamente nuestra mente a una idea, o conjunto de ideas, cambiamos la plasticidad de nuestros cerebros. Esto es "neurobics", de la misma manera que el entrenamiento aeróbico es bueno para nuestro cuerpo, el entrenamiento neuróbico es bueno para nuestra mente.

> **El mayor avance en mi vida es la comprensión de que el hombre puede alterar su vida alterando su pensamiento.**
> **William James**

Como se detalla en su libro de 1949 La organización del comportamiento, el trabajo de Donald Hebb llevó a la noción de que "las neuronas que se activan juntas se conectan entre sí". Cuando la neurona A "dispara" la neurona B, el vínculo entre las dos se fortalece. Cualquier experiencia física, pensamiento, sentimiento y sensación "desencadena" miles de neuronas, que forman una red neuronal. Cuando repetimos una experiencia una y otra vez, el cerebro aprende a disparar las mismas neuronas cada vez. Esto termina siendo lo que llamamos un hábito. La memoria muscular funciona de manera similar. La repetición de la acción y el pensamiento conduce al dominio de un proceso particular.

La Ley de Hebb es el viaje que nos lleva de la Incompetencia Inconsciente (No sé lo que no puedo hacer), a la Incompetencia Consciente (Sé lo que no puedo hacer), a la Competencia Consciente (He aprendido a hacerlo) a la Competencia Inconsciente (I puede hacerlo sin pensarlo). Aprender a conducir es un buen ejemplo de esto.

Su trabajo también condujo a la entidad del "engrama", el método de almacenar recuerdos como entradas bioquímicas en el cerebro. Aunque una memoria se distribuye entre varios sistemas neuronales, se pueden procesar y contener tipos específicos de conocimiento en regiones específicas del cerebro (como el lóbulo occipital responsable del procesamiento de la visión). Al usar continuamente nuestro cerebro y ejercitarlo a través del proceso de pensamiento y la resolución de acertijos, creamos vías neuronales que mantienen el cerebro funcionando y saludable y aumentan la densidad de la materia gris.

Considere la analogía de un viaje a través de un bosque denso. Inicialmente es difícil. La segunda vez es un poco más fácil. Después de veintiún viajes, hemos comenzado a desarrollar un camino muy usado. Esta es una vía neural. Ahora considere salir nuevamente del camino desgastado hacia la densa jungla, esto grava nuestros sistemas y tendemos a evitarlo. Supongamos que seguimos el nuevo camino y nos aferramos a él por un período de tiempo, luego el camino inicial comenzaría a crecer demasiado. Nuestros nuevos hábitos reemplazan a los viejos de esta manera.

Otra forma de ver esto es cuando tenemos un nuevo pensamiento de que hemos creado un camino de tierra en nuestra mente; entonces creamos palabras que amplían este camino; estas palabras conducen a acciones que amplían el camino; Estas acciones conducen a experiencias que crean una autopista; Las acciones y experiencias crean un hábito, que es una súper autopista en tu mente.

Capítulo 12 - Programación Neurolingüística (PNL)

En términos simples, "neurolingüístico" se refiere a la forma en que nuestras mentes procesan el lenguaje, y "programación" a nuestra capacidad de procesar lo que percibimos a través de nuestros cinco sentidos.

Alguien dijo una vez que no puedes tener éxito a menos que, en tu mente, te hayas convertido en el que ya tuvo éxito. En pocas palabras, si la mente subconsciente lo cree, entonces es real. La PNL es una modalidad efectiva para reprogramar nuestras mentes subconscientes y para mejorar nuestro comportamiento en general. En resumen, PNL es cómo usar el lenguaje de la mente para lograr consistentemente nuestros resultados específicos y deseados.

En su forma más simple, PNL es el concepto de que la forma en que pensamos, y las palabras que usamos, son un reflejo de quiénes somos y cómo vemos el mundo. Sabemos que lo que pensamos es en lo que nos convertimos. Si tenemos una queja / problema / enfermedad, entonces la creamos a través de nuestro modelo del mundo (cómo vemos las cosas). Por lo tanto, es lógico que necesitemos dejar de crear nuestro modelo y recrear algo mejor. Necesitamos repensar nuestras palabras, pensamientos, actitudes y acciones.

¿Qué significa la programación neurolingüística?

Veamos las palabras "Neuro", "Lingüística" y "Programación", al principio parece un título complicado.

Neuro obviamente se refiere al cerebro y los procesos neurales. Las neuronas son los mensajeros utilizados por el sistema nervioso para enviar, recibir y almacenar las señales que recibimos.

Estas señales externas se derivan de los cinco sentidos, conocidos por el acrónimo VAKOG:

- Visual (mensajes que vemos)
- Auditivo (mensajes que escuchamos)

- Kinestésico (sensación de tocar y ser tocado)
- Olfativo (mensajes que olemos)
- Gustatorio (mensajes que probamos)

Además, generamos señales internas como pensamientos, sentimientos y emociones.

Lingüística significa lenguaje. El diccionario lo define como elestructura del lenguaje, dividida en dos subcampos: fonética: el estudio de los sonidos del habla en sus aspectos físicos; y fonología: el estudio de los sonidos del habla en sus aspectos cognitivos. En PNL observamos ambos aspectos: lo que usted dice y cómo lo dice. Pero el lenguaje no se limita solo a la palabra hablada. Si neuro es la señal entrante, la lingüística es cómo interpreta el contenido de la señal entrante. Tu subconsciente trabaja en símbolos. La lingüística convierte sus datos neurológicos en símbolos, para que los procese su subconsciente. En este sentido, convierte desde la siguiente entrada:

- Imágenes
- Suena
- Sentimientos
- Sabores
- Huele
- Palabras (diálogo interno)
- Pensamientos

Programación es la forma en que pensamos, la forma en que procesamos la información y la forma en que actuamos. Una analogía es operar software en una PC. Pensamos, procesamos y actuamos para lograr el resultado deseado. Este "software" es una combinación de:

- Genes (naturaleza)
- Educación (crianza)
- Estado de ánimo (feliz / triste / alegre / deprimido / etc.)
- Padres / familia
- Modelando sobre personas clave
- Etnicidad

- Medio ambiente
- Experiencias
- Sentimientos
- Intuición

Entonces, recibimos señales (neuro), interpretamos estas señales en un lenguaje que entendemos (lingüística), y luego ejecutamos este lenguaje a través de nuestra mente subconsciente, que está codificada con controladores motivadores y desmotivadores (programación).

Considere el siguiente diagrama de PNL. Nuestros cinco sentidos reciben estímulos externos como imágenes, sonidos, tacto, olores y sabores y los envían al cerebro para su procesamiento. A ellos se une cualquier estímulo interno que hayamos creado, como pensamientos, sentimientos, emociones e intuición. La parte neuronal de la mente envía los datos a la parte lingüística del cerebro, que convierte estos datos en datos simbólicos que el subconsciente puede entender. El subconsciente, como una computadora, aplica una gran cantidad de parámetros (filtros, valores, creencias, recuerdos) a los datos simbólicos, y envía datos simbólicos a la parte lingüística del cerebro. Esto se interpreta nuevamente en un lenguaje que la parte neuronal de la mente puede entender. La mente neuronal desencadena una acción emocional o física.

Luego evaluamos el resultado de nuestra (s) acción (es). Si el resultado deseado cumplió con nuestras expectativas, esto refuerza que el modelo está funcionando. Si el resultado deseado no cumple con nuestras expectativas, hace que nuestro programa subconsciente sea reprogramado. Las experiencias resultantes son el evento principal en la modificación y actualización de nuestro "software" interno.

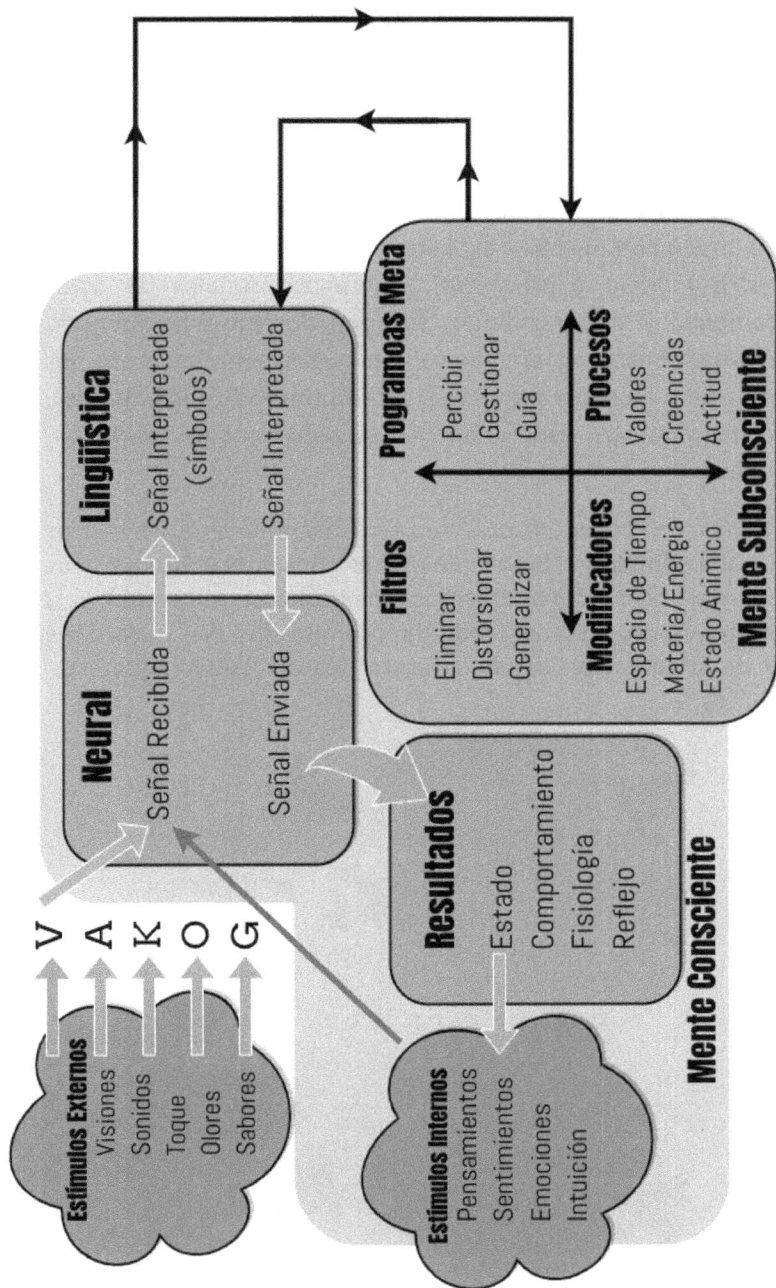

Nuestro resultado deseado se basa en nuestro concepto de dolor y placer. Realizamos una acción para lograr el placer, y esta acción es controlada y realizada por nuestro programa (nuestra mentalidad). Luego procesamos el resultado real y lo traducimos en una experiencia percibida. Aunque es una experiencia "percibida", nuestra percepción es nuestra realidad. Esta es una experiencia "real" para nosotros. Esta experiencia cumplió con nuestras expectativas de placer (y por lo tanto reforzó nuestro modelo y programa), o provocó señales de dolor (forzando cambios). Como resultado, suceden dos cosas, a menudo simultáneamente: nuestro sistema de valores puede ser modificado por la experiencia, pero nuestro programa será optimizado (actualizado). Cuando se cambió nuestro sistema de valores, esto también modificará nuestro programa.

Una cosa interesante a tener en cuenta en este diagrama es que nuestros resultados crean estímulos internos que procesamos para crear nuestros resultados. La mayoría de lo que creamos (comportamiento, emociones, etc.) es autogenerado. Esta es toda la premisa de PNL: usted es responsable de su situación actual y futura. No eres dependiente de factores externos:

Todo cuenta una historia

No son solo nuestras palabras las que indican nuestra mentalidad. Nuestra mentalidad ciertamente se muestra en lo que decimos. Pero este contenido verbal es solo el 7% de lo que estamos comunicando; nuestra tonalidad, la forma en que decimos las cosas, representa el 38%. ¡Finalmente, nuestra fisiología (movimiento de los ojos, expresiones faciales, etc.) representa un enorme 55% de lo que estamos comunicando!

Al principio esto puede parecer increíble. Pero considere las diversas fisiologías que se pueden mostrar:

- Postura (por ejemplo, encorvarse o "en la cara")
- Apariencia (ordenada, desordenada, formal, informal)
- Movimientos de la cabeza (asentir, sacudir)
- Expresiones (riendo, llorando, enojado)
- Espacio corporal (¿demasiado cerca? ¿Muy lejos?)
- Contacto corporal (¿tacto tierno? ¿Toque agresivo?)
- Ojos (abiertos, entrecerrando los ojos, enojado, riendo, guiñando un ojo)
- Movimientos de la mano (ocultos, saludando, gesticulando)
- Tono de piel (normal, rojo enojado, púrpura apopléctico)
- Tono de palabra (alto, suave, enojado)
- Etc.

Hacemos un uso prolífico de la comunicación digital, y esto lleva a mucha desconexión de la comunicación. Se introdujeron emoticones para cerrar esta brecha en el texto, de modo que pudiéramos transmitir el tono del mensaje enviado. A menudo agrego un emoticón a un texto para transmitir el tono correcto.

Nuestra percepción no es la única realidad

El mundo que veo es diferente del mundo que ves. Puede que estemos viendo este mundo a nuestro alrededor, pero todos lo vemos de manera diferente. A medida que entra la entrada, aplicamos filtros. Nuestros filtros son cómo tratamos las señales entrantes. Estos filtros son diferentes en todos nosotros, ya que han sido moldeados por las experiencias de nuestra vida, y como todos hemos tenido experiencias de vida únicas, esto no puede ser idéntico. Es por eso que dos personas pueden ver el mismo evento y grabar algo diferente. Recuerdo que cuando era niño discutía con un amigo mío: no estábamos de acuerdo con el color de una pelota de tenis común: para mí era amarillo y para él un verde lima. La misma pelota de tenis, diferentes filtros, diferente experiencia.

Creamos nuestro "mapa del mundo" basado en nuestras experiencias, modelos, cultura, creencias y filtros. El tuyo no está mal. Pero necesitamos tolerancia de los modelos de otras personas: para ellos, su versión es tan real como la suya.

Filtros

Eliminar- estamos inundados de información, posiblemente 10 millones de datos por segundo. Si no eliminamos la mayoría de los datos, estaríamos abrumados. Para nuestra autoconservación necesitamos eliminar información que ya no necesitamos, pero ¿estamos eliminando datos útiles? ¿Es posible que nuestras reglas internas de eliminación sean incorrectas?

Distorsionar- Aplicamos reglas y filtros a los datos entrantes. ¿Cuáles son estas reglas? ¿Los estamos aplicando correctamente?

Generalizar- Agrupamos piezas de información en unidades manejables, y esto es generalización. Tenemos reglas para esta generalización: ¿son correctas?

Espacio de tiempo - aplicamos nuestra comprensión del tiempo y el espacio, que incluye recuerdos y tiempos de eventos.

Materia / energía- Al momento de procesar los datos, nuestro estado de ánimo, sentimientos y emociones juegan un papel importante. Si tenemos poca energía o estamos cansados, podríamos tomar decisiones "peores" que si estuviéramos en una fase de alta energía.

Lingüística - esto implica la jerarquía de ideas (niveles de abstracción y especificidad), el metamodelo (preguntas para descubrir causa y efecto), presuposiciones lingüísticas (supuestos naturales en el lenguaje) y el Modelo de Milton (patrones hipnóticos del lenguaje).

Recuerdos- los resultados de acciones anteriores se almacenan y se usan como cuadro de mandos. Sabemos por experiencia qué cumple con nuestro resultado deseado y qué no.

Decisiones- las decisiones en todos los niveles afectan nuestras elecciones. Las leyes formales, las preferencias y los deseos internos son todas decisiones.

Meta programas - el procesamiento se ve afectado por nuestras percepciones, nuestra necesidad de gestionar los resultados, la necesidad de guiar el proceso y el historial de experiencias.

Creencias - La moral, la cultura, la ética, las etnias, los valores y las actitudes juegan un papel importante en el procesamiento de la información.

Puede ser difícil ver el impacto / efecto de estos filtros. Esta tabla da una idea, y probablemente todos habremos usado algunos de estos en nuestras vidas:

Filtrar	Ejemplo
Filtrado positivo	Tomando solo los detalles / aspectos positivos y eliminando los negativos.
Filtrado negativo	Tomando solo los detalles / aspectos negativos y eliminando los positivos.
Pensamiento polarizado	Todo es negro / blanco, bueno / malo, etc. Si no es perfecto, somos un fracaso.
Enfoque negativo	Somos consumidos por un solo negativo (por ejemplo, nuestro ex compañero).

Generalización excesiva	Basado en un solo incidente, asumimos que todos los incidentes similares irán de la misma manera.
Juzgar	Forma extrema de generalización, que describe un evento con hipérbole para convencernos a nosotros mismos / a otros de que nuestra opinión es correcta.
Maximizando	Magnificar o exagerar hechos para respaldar nuestro punto de vista.
Minimizando	Reducción o reducción de los hechos para socavar un punto de vista.
Lectura de la mente	Asumimos lo que la gente va a decir y / o cómo se siente la gente.
Saltando a conclusiones	Suponemos que es negativo (o positivo) a pesar de que no hay evidencia que lo respalde.
Predicción	Actuar comportamientos acordes con un resultado que no ha sucedido.
Catastrofizando	Siempre esperando un desastre, asumimos lo peor y predecimos pesimismo. ¿Y si? Los escenarios son siempre negativos.
Personalización	Siempre asumiendo que lo que se dice es sobre nosotros, por nosotros o por una reacción a nosotros. Nos comparamos constantemente con los demás.
Control externo	No tenemos control, somos "controlados" por otros o por nuestro entorno y nos vemos como una víctima. (Víctima)
Control interno	Somos responsables de todos y / o de todo. (Salvador)

Culpar	Otros son responsables de nuestra "mala" situación. Auto-culpa: somos responsables de nuestra "mala" situación.
Justicia	Nuestra versión de la verdad es la única. Todos los demás están equivocados y / o son inferiores.
Leyes falsas	Todas las personas deben comportarse y actuar de acuerdo con nuestro modelo, cultura, valores, ética.
Razonamiento emocional	Lo que sentimos es quiénes somos. Si nos sentimos torpes, esto nos hace torpes.
Cambiar la motivación	Nuestra imagen de logro / éxito afecta nuestro comportamiento.
Etiquetado global	Una o dos cualidades negativas son suficientes para un negativo general para ese aspecto.
La vida de "trabajo"	Todo parece salir mal, y está bien porque lo merecemos. No somos dignos O lo aceptamos porque hay una recompensa al final.
Recompensa la falacia	Nos sentimos amargados o marginados cuando las recompensas esperadas no se materializan por el trabajo duro o los sacrificios.

Modelado

Desde que nacemos, observamos el mundo en acción: notamos un comportamiento que creemos que es efectivo y lo que no es efectivo. Nuestro modelo del mundo y cómo funciona se ve afectado, específicamente, por las personas que nos rodean, y especialmente por nuestro cuidador principal (generalmente mamá) y el cuidador secundario (generalmente papá). El mundo étnico, cultural y ambiental que nos rodea también ayuda a determinar quiénes somos, qué creemos y cómo pensamos. Luego nos modelamos en esta visión del mundo.

La ley de la Creación

Nuestro modelo consta de tres elementos:

1. Creencias y sistemas de valores.
2. Fisiología
3. Estrategias

Cualquier parte, o todo su modelado, puede cambiarse, reprogramarse, usted mismo.

Liberar deseo, juicio y discriminación

Vuelva a evaluar sus deseos y el sistema de valores que los impulsa. Nuestros deseos se basan en nuestra imagen del mundo: cómo debería ser, qué debería tener, cómo nos comparamos, cómo deberían comportarse los demás. Son nuestros deseos continuos los que conducen al dolor, la desesperación, la depresión, la frustración y la sensación de fracaso. Si no pusiéramos tanto valor en el logro de nuestros deseos conscientes, no encontraríamos los graves emocionales masivos. Cuando constantemente deseamos, en realidad estamos negando lo que tenemos actualmente. Esta es una sensación de no gratitud.

Cuando juzgamos y / o discriminamos, en esencia nos estamos juzgando a nosotros mismos; Nos estamos discriminando a nosotros mismos. La conciencia es experimentar este mundo a través de tu vida. Cuando mueras, experimentarás este mundo a través de otra vida, o incluso más extraño, existe la posibilidad de que experimentes el mundo a través de la vida de todos. Piensa en eso por un momento: si fueras a experimentar la vida de todos, ¿cómo tratarías a los demás y cómo te gustaría ser tratado?

Un argumento paralelo es que creaste tu mundo y todo lo que hay en él. Si es así, ¡solo te estás juzgando a ti mismo!

Perdón

La falta de perdón es ahora una condición médica registrada y generalmente causa ansiedad crónica. Cuando no perdonamos, llevamos una carga tóxica de ira, odio, venganza y / o aversión. Estas emociones negativas crean un cóctel tóxico de adrenalina y cortisol, que impacta en nuestro sistema inmunológico. Estudios recientes indican que el 61% de los pacientes con cáncer tienen problemas de perdón.

> **La ira hace que los venenos sean secretados por las glándulas. Nadie puede odiar a su vecino y no tener problemas estomacales o hepáticos. Nadie puede estar celoso y permitir la ira de los mismos y no tener trastornos digestivos o trastornos cardíacos.**
> **Edgar Cayce**

En un nivel metafísico, esto encaja con el concepto de que todos somos uno. La ira / odio / venganza / disgusto se está acumulando sobre nosotros mismos, con obvios impactos negativos.

Perspectiva

Si vemos la Luna cerca del horizonte, podemos notar que parece enorme. Esto no se debe a su distancia, sino a un efecto conocido como "Ilusión de la luna", Donde nuestro cerebro percibe que la Luna está más cerca cuando la vemos en el horizonte que cuando está arriba, lo que nos compensa y engaña para que pensemos que es más grande. Podemos mirar una nube y pensar que vemos una forma o patrón específico que no existe, esto se llama "pareidolia". Nuestra mente está llena de "hechos" que creemos, pero no son reales.

La teoría de la relatividad se aplica aquí, como lo hace durante la mayor parte de su vida: es posible que hayamos presenciado algo, pero es desde nuestra perspectiva, influenciada por nuestra comprensión del mundo.

El sistema simpático humano responde más rápido que el parasimpático, lo que generalmente lleva a una reacción exagerada emocional o acción sin razón. Mientras estamos en la Tierra, tendemos a tomar las cosas muy en serio. Pero nos estamos olvidando del panorama general: viviremos sesenta o setenta u ochenta años y luego pasaremos. ¿Importaron realmente nuestros puntos de vista? ¿Nos ayudó nuestra ira o depresión constante? ¿Centrarse más en ganar dinero y menos en nuestra familia era lo correcto? Un ejercicio potencial aquí es imaginarnos en nuestro último día en la Tierra y considerar: "¿Qué era importante? ¿Qué quería lograr? ¿Qué personalidad deseaba proyectar? ¿Qué quiero que sea mi legado después de que me haya ido? ¿Qué lecciones vine a aprender?

El simple hecho es que ninguno de nosotros sabe de dónde venimos, ni a dónde vamos. Pero nuestra compasión nos dice que todos estamos hechos de lo mismo. Trata a otro como te gustaría que te trataran a ti. Nadie es superior o inferior a ti.

Ha creado estándares para usted y para otras personas y ha establecido estipulaciones en su mente. Cuando no se cumplen estos estándares, te enojas. Su apego a los resultados especificados previamente lo hace enojarse, triste, deprimido, ansioso, celoso o herido. La felicidad no es la ausencia de problemas. Es tener la capacidad de lidiar con los desafíos de la vida.

En tu vida, de diez cosas, tal vez dos son malas y ocho son buenas. ¿Por qué te enfocas en las dos cosas malas y no en las ocho cosas buenas? Quizás transfiera su enfoque a todos los aspectos positivos de su vida. Cuando nos enfocamos en lo positivo, elevamos nuestra energía vibracional. Cuando levantamos nuestra energía vibracional, ¡comienzan a suceder cosas positivas!

> **No hay nada bueno o malo, pero por el pensamiento que lo hace así.**
>
> **Shakespeare**

Sentido del propósito

Otra gran cita de Viktor Frankl se refiere al sentido del propósito: "Un hombre que toma conciencia de la responsabilidad que tiene con un ser humano que lo espera cariñosamente, o con un trabajo inacabado, nunca podrá tirar su vida. Él conoce el "por qué" de su existencia y podrá soportar casi cualquier "cómo".

Los japoneses tienen una palabra Ikigai que significa "una razón de ser".

Todos, según el japonés, tiene un Ikigai. Encontrarlo requiere una búsqueda profunda y a menudo larga de uno mismo. Tal búsqueda se considera muy importante, ya que se cree que el descubrimiento del propio Ikigai traesatisfacción y significado para la vida. El concepto y proceso de Ikigai ayuda a una persona a avanzar hacia la autorrealización.

El filósofo Daniel Dennett siempre tuvo razón al afirmar que el secreto de la felicidad es "encuentra algo más importante que tú y dedica tu vida a ello. " Este es un sentido de propósito. Considere el siguiente diagrama de Ikigai. ¿Tu propósito es una pasión, una misión, una profesión o una vocación?:

Los estudios de personas con cáncer subrayan el hecho de que tener un sentido de propósito es un aspecto positivo de quienes vencieron o controlaron su cáncer.

Cuando tenemos un sentido de propósito, nos enfocamos menos en los aspectos negativos de la vida. Elementos como el estrés y la ansiedad tienen menos impacto en nosotros. Somos menos susceptibles a enfermedades similares a la depresión. Nos recuperamos de los resfriados y la gripe más rápido que la persona promedio. Tenemos menos probabilidades de desarrollar una adicción. Hay tantos ejemplos de por qué tener un sentido de propósito es bueno para nuestra salud.

Estado de flujo

Mihály Csíkszentmihályi, una psicóloga italo-húngara, creó el concepto psicológico de "flujo". Como puede ver en el diagrama a continuación, una persona con bajo nivel de habilidad que realiza una tarea con bajo nivel de desafío estará en un estado de "apatía". Lo contrario sería una persona con alta habilidad realizando una tarea desafiante. Esta persona está en un estado de "flujo".

Para que podamos alcanzar la felicidad, todos debemos esforzarnos por estar en la zona de flujo. Con un sentido de propósito, uno adquiere las habilidades, con el tiempo, para ese propósito. Nuestro sentido de propósito es naturalmente desafiante, de lo contrario no sería Ikigai.

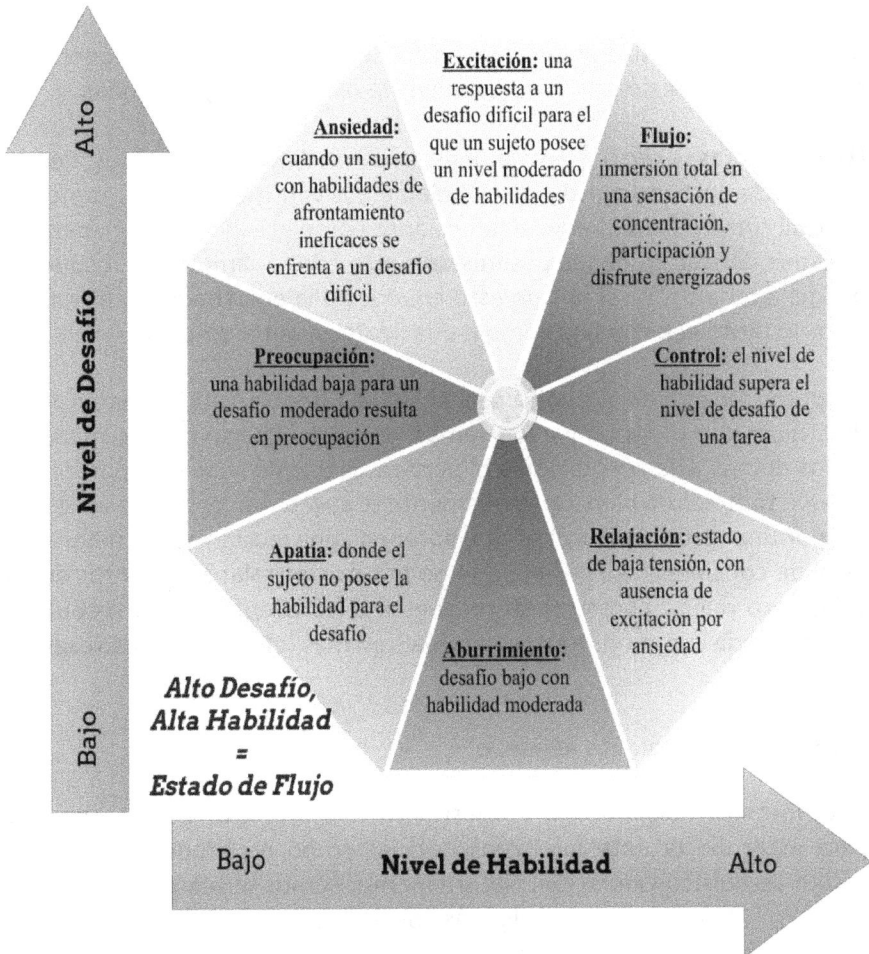

Excitación: una respuesta a un desafío difícil para el que un sujeto posee un nivel moderado de habilidades

Ansiedad: cuando un sujeto con habilidades de afrontamiento ineficaces se enfrenta a un desafío difícil

Flujo: inmersión total en una sensación de concentración, participación y disfrute energizados

Preocupación: una habilidad baja para un desafío moderado resulta en preocupación

Control: el nivel de habilidad supera el nivel de desafío de una tarea

Apatía: donde el sujeto no posee la habilidad para el desafío

Relajación: estado de baja tensión, con ausencia de excitación por ansiedad

Aburrimiento: desafío bajo con habilidad moderada

Alto

Bajo

Nivel de Desafío

Alto Desafío, Alta Habilidad = Estado de Flujo

Bajo

Alto

Nivel de Habilidad

Optimismo

A lo largo de este libro hay un tema recurrente de "lo que crees que es en lo que te conviertes". Considere, entonces, un optimista versus un pesimista. Un optimista verá el lado positivo de un mal evento, tendrá expectativas de felicidad y buena fortuna y, en general, irradiará esperanza. Un pesimista asume que algo saldrá mal, si puede salir mal, mirará el lado negativo de cualquier evento y generalmente irradia pesimismo. Si lo que piensas es en lo que te conviertes, entonces un optimista y un pesimista son máquinas de profecía autocumplidas.

Los optimistas se recuperan mejor de los procedimientos médicos, tienen un sistema inmunológico más saludable y viven más tiempo, tanto en general como cuando padecen afecciones como el cáncer. La perspectiva negativa constante de los pesimistas evoca continuamente la respuesta de lucha o huida. En sí mismo esto conduce a la enfermedad y al estrés, y por lo tanto el pesimista cumple una profecía autocumplida.

El optimismo es más que solo creer en un resultado positivo. Abarca dejar de criticar a uno mismo y a los demás, detener el juicio de uno mismo y de los demás, y la aceptación y el perdón. ¿Por qué aceptar y perdonar? Porque todo saldrá bien. Continuamente te sucederán cosas malas: están ahí por una razón. La razón es que aprendas una lección, para mejorar tu nivel de conciencia. Es posible que no pueda controlar los eventos en su vida, pero puede controlar su respuesta a los eventos. Si su respuesta está alineada con el optimismo, su vida será más feliz y menos estresante. Tú decides.

Superar el pensamiento negativo

Anteriormente discutí cómo nuestra mente primitiva está preparada para estar alerta ante las malas noticias como resultado de un viejo hábito de autoconservación. Naturalmente, somos buscadores de malas noticias. ¿Cómo es que algunas personas han abandonado este comportamiento o lo han disminuido para que no les afecte negativamente?

Te conviertes en lo que piensas y, por lo tanto, una dieta mental de pensamientos negativos conducirá a resultados negativos. Los pensamientos positivos conducen a resultados positivos; por lo tanto, le interesa dar el salto del pensamiento negativo al positivo. Esto se explica en la sección sobre optimismo anterior.

Se necesita práctica para tomar conciencia de sus pensamientos, y parece ser un poco un ejercicio de conciencia. Es muy fácil seguir pensando y dejar que vomiten sin control. Cambiar un pensamiento requiere conciencia del pensamiento, y luego aplicación para cambiar el pensamiento de negativo a positivo. Esto requiere un poco de esfuerzo, pero las recompensas valen la pena:

- ❖ Indique la intención de detener los pensamientos negativos (¡dígalo en voz alta también!)
- ❖ Comienza a monitorear tus pensamientos
- ❖ Detenga el pensamiento negativo y cámbielo a un pensamiento positivo. Puede pensar que es más fácil decirlo que hacerlo, sin embargo, siempre hay dos lados para todo, busque el otro lado de la moneda. Busca lo bueno
- ❖ Deja de criticarte a ti mismo, a los demás y a los eventos
- ❖ Detener los juicios propios y ajenos
- ❖ Deja de quejarte
- ❖ Practica la aceptación

Recuerde que la mayoría de las cosas suceden por alguna razón. En términos de crecimiento de la conciencia, Steve Pavlina afirma lo siguiente:

"En realidad, puedes aprender a aceptar los pensamientos negativos que atraviesan tu cabeza y así trascenderlos. Permíteles ser, pero no te identifiques con ellos porque esos pensamientos no eres tú. Comience a interactuar con ellos como un observador. . . Se dice que la mente es como un mono hiperactivo. Cuantas más peleas con el mono, más hiperactivo se vuelve. Por lo tanto, simplemente relájate y observa al mono hasta que se agote. . . Reconoce también que esta es la razón por la que estás aquí, viviendo tu vida actual como ser humano. Tu razón para estar aquí es desarrollar tu conciencia. Si estás atrapado en la negatividad, tu trabajo es desarrollar tu conciencia hasta el punto en que puedas aprender a mantenerte enfocado en lo que quieres, a crear positivamente en lugar de destructivamente. . . Si no te gusta lo que estás experimentando, eso es porque tu habilidad en la creación consciente permanece subdesarrollada. Sin embargo, eso no es un problema porque estás aquí para desarrollarlo. Estás experimentando exactamente lo que se supone que estás experimentando para que puedas aprender ".

La naturaleza tiene una ley poderosa, la Ley de los Ciclos. Esto es evidente en los patrones climáticos, por ejemplo, e incluso en la bolsa de valores. Las cosas van "bien" por un tiempo, y luego van "mal". De vez en cuando puede resfriarse, de vez en cuando puede sentirse emocionalmente bajo. Tu vida nunca será una línea ascendente continua en un gráfico. Es una serie de altibajos. Aprende a apreciar los ups. Aprenda a aceptar los inconvenientes, o apreciarlos, porque sin los inconvenientes, los beneficios no serían tan buenos. La apreciación aumentará la frecuencia y la duración de los ups. Una lección seguirá regresando hasta que haya aprendido la lección: la aceptación de las bajas reducirá su frecuencia y duración. En lo que te enfocas es en lo que atraes.

Capítulo 13 - Revelaciones ... por Tracy

Recientemente estuve muy deprimido y lo había estado durante bastante tiempo. Nuestra familia había pasado por muchos desafíos. Parecían golpearnos uno tras otro, derribándonos y quitando totalmente el viento a nuestras velas. Nuestra hija era adicta y, como madre, todo lo que sabe sobre ser positiva y mirar el lado bueno se escapa por la ventana cuando no puede quitarle el dolor a su hijo o hacer las cosas diferentes o mejores para ellos. La impotencia te devora por dentro y te destruye por completo. Nuestra otra hija estaba luchando por encontrar su camino. Pasó por una ruptura horrible en la que su prometido la ignoró, y justo cuando pensaba que la vida estaba mejorando, se encontró en una posición intimidante y difícil en el trabajo. Este estrés la dejó sintiéndose completamente fuera de lugar y sufriendo algunos problemas similares a PTS que resolver.

Nos habíamos mudado de países. Fuimos defraudados con una gran suma de dinero en el programa de visas EB5, tres miembros de la familia murieron y perdimos traumáticamente a 2 mascotas debido a que los coyotes se escondían literalmente en el fondo de nuestro jardín esperando a nuestras mascotas. Tuvimos otra querida mascota que se enfermó inesperadamente y falleció. Teníamos tres negocios en los que pusimos casi todo lo que teníamos y fracasaron. Vendimos joyas, propiedades y otros activos para cubrir la pérdida y encontramos trabajos para pagar el alquiler. Por primera vez en más de 20 años, yo era un empleado y no el empleador, me levanté al amanecer con el sonido de una alarma, me apresuré a llegar al trabajo a tiempo y me dijeron qué hacer y cómo hacerlo.

Los os fines de semana no me levantaba de la cama. Me dije que necesitaba un respiro y que pronto volvería a mi estado anterior, pero eso no sucedió. No hablo mucho ni comparto, me guardo mis sentimientos y, por lo tanto, no tengo una salida. Me sentí desconectado de la alegría. Estaba entumecido. Sentí que este mundo era un lugar absolutamente horrible y no podía entender por qué alguien quiere vivir en él. Estaba totalmente abrumado y probablemente clínicamente deprimido y no podía salir de la oscuridad.

Mi esposo, Steve, sintió lo mismo, al igual que nuestras dos hijas: ¡la vida era demasiado difícil! Una batalla cuesta arriba constante que era más de lo que queríamos manejar. Cuando mi hija mayor vino a mí, compartiéndome que no quería estar viva y sabiendo que mi hija menor también se había sentido así, lo primero que se me ocurrió fue crear un pacto suicida. Mi hija pidió una reunión familiar y me di cuenta de que tenía que hacer algo diferente y hacer un cambio.

Steve tomó el control de la reunión y compartió algunas perlas de sabiduría que me recordaron lo que sé pero que había dejado de practicar, y la mejor manera de aprender algo, o en este caso volver a aprenderlo, es ayudar a alguien más a aprenderlo también. Me sentí motivado para ayudar a mis hijas a superar sus problemas al impartirles lo que sé. Fue en esta reunión que Steve me pidió que leyera el borrador de La Ley de la Creación y lo revisara. ¡Algo acaba de hacer clic!

En dos días estaba vibrando mucho más alto de lo que había estado y sentí alegría nuevamente. Quería compartir La Ley de la Creación con todos. Quería que todos tuvieran las herramientas para sentirse como yo y todavía lo soy. Me sentí como antes de nuevo. Siempre he sido una persona positiva, donde nada me deprime durante mucho tiempo, por lo que fue muy difícil para mí estar tan bajo como lo había estado durante tanto tiempo. Leí el libro en uno o dos días, reescribí algunas secciones, hice sugerencias y me divertí mucho. Volví a tener un propósito que me apasionaba. Estaba agradecido de nuevo. Estaba muy agradecido de que mi hija mayor hubiera hablado y convocado a una reunión familiar. Estaba tan agradecida de que Steve se reconectara con su poder y me recordara lo que sé, tan agradecida por las lecciones que mi hija menor me ayudó a aprender.

Llenó cada célula de mi cuerpo y creo que este sentimiento se sintió tan poderoso porque estaba en marcado contraste con lo que había estado sintiendo durante los últimos años.

Me preguntaba si me estaba engañando a mí mismo, si estaba fingiendo ser tan feliz tratando de engañar a mi cerebro para que pensara que era feliz, pero luego me di cuenta de que era así de fácil. Es fácil. Encuentra algo que te haga sentir mejor y sigue haciéndolo, sigue encontrando un pensamiento o una experiencia que te siga levantando el ánimo. Lo que sientes es una indicación directa de dónde estás vibrando. Elija vibrar más alto y luego suéltelo y confíe en que esto es lo que hará mientras se concentra en todo lo que está agradecido.

Mientras escribía, leía y reescribía este libro, me di cuenta de algunas cosas. Creo que conozco toda esta información de forma inherente. Todo me parecía cierto, y aunque fue muy interesante y profundo, siento que ya lo sabía todo. Creo que esto se debe a que es inherente a todos nosotros, pero no es nuestro instinto, por lo que no vivimos nuestras vidas de acuerdo con estas leyes. Vivimos nuestras vidas tratando de protegernos. Protéjase del dolor. Todo lo que hacemos es hacernos sentir bien y no lastimarnos. Bueno, puedo decirte que hay una manera de no sentir dolor, ¡no de lastimar! Cuando sienta dolor, ira, dolor, tristeza o cualquiera de las otras emociones basadas en el miedo que sufrimos, sepa que no está alineado con el amor. Esté emocionado de que la emoción que siente lo esté guiando a sentirse mejor. Gracias y siéntete mejor.

Verás, cuando vibras con amor y gratitud, ¡es imposible sentir nada más que bien! Siempre hay una perspectiva diferente a tu realidad actual. Encuentra una perspectiva diferente y tu mundo cambia. Cómo percibes todo depende de ti. Puedes vivir cualquier realidad que desees y vivir una realidad amorosa y agradecida es todo lo que necesitas para ser feliz permanentemente. Es imposible que el dolor y el miedo residan en el mismo espacio que el amor y la gratitud al mismo tiempo. Imposible.

Don Miguel Ruiz en El Dominio Del Amor explica que "Dominar una relación se trata de TI. El primer paso es tomar conciencia, saber que todos sueñan su propio sueño ". A lo que Ruiz se refiere aquí es a lo que se refieren libros como La desaparición del universo de Gary Renard y el guión Un curso de milagros: esta realidad no es real, lo hemos creado en virtud de lo que pensamos y creemos, y por lo tanto, se parece a un sueño, y el sueño de cada persona es único en sí mismo. El sueño de nadie puede ser exactamente como el nuestro - Ruiz explica además que una vez que Sepa esto, puede ser completamente responsable de su propia mitad de la relación, que es usted. "Si sabe que sólo es responsable de la mitad de la relación, puede controlar fácilmente su mitad. No depende de que controlemos la otra mitad. Si respetamos [la otra mitad], sabemos que nuestra pareja, amigo, hijo o madre es totalmente responsable de su propia mitad de la relación. Si respetamos a la otra mitad, siempre habrá paz en esa relación. No hay guerra ".

Cuando conoces la diferencia entre el miedo y el amor, puedes convertirte en amor. Cuando vives el amor, te vuelves claro en tu comunicación. Comienzas a comunicar tu sueño de una manera amorosa y todo lo que te rodea responde en consecuencia. Eres un amor completo Nada que proteger. Nada de que preocuparse. Nada que destacar. Solo amor puro. Empiezas a ver la belleza que te rodea. Belleza en todo. Si no ves la belleza (que es otra forma de amor) en tu enemigo, entonces no estás vibrando de amor. Ves, si eres amor, entonces ves la belleza en todo, porque tu amor no depende del objeto de tu amor, tu amor depende de tu estado de ser. Entonces, si la persona o la situación se vuelven diferentes, o si un amigo se convierte en enemigo, no importa, porque tu amor no depende de nada a tu alrededor, de nada fuera de ti. Tu amor es un estado del ser. ¡Te encanta!

Este libro me ayudó a conectarme con mi verdadero yo. Sentí la gratitud y afectó todo mi cuerpo. Piense en lo que está agradecido y luego sepa de lo que está agradecido. La diferencia es la emoción. Piense con entusiasmo y comience a hacer un cambio.

Puedes crear lo que quieras. ¿Qué vas a crear?

www.ingramcontent.com/pod-product-compliance
Lightning Source LLC
Chambersburg PA
CBHW060007050426
42448CB00029B/1696